Zu diesem Buch:

„… und dazwischen eine Masche" ist die Erzählung von Kindheitserinnerungen aus den 50-er Jahren in Graz.

Erika Waldhauser, geb. 1948, ist verheiratet und hat drei erwachsene Kinder. Bis zu ihrer Pensionierung war sie als selbstständige Buchhalterin tätig. Danach konnte sie endlich ihren lang gehegten Wunsch, als Schriftstellerin tätig zu sein, verwirklichen.
Ein Liebesroman, welchen sie als Ghost Writerin schrieb, wurde von einem Verlag angenommen.

Sie verbrachte ihre Kindheit in einfachen Verhältnissen am nördlichen Stadtrand von Graz, umgeben von Wiesen und Wäldern. Naturgemäß gab es in dieser Nachkriegszeit nur das Notwendigste zum Leben.
Es gab kein fließendes Wasser, keinerlei elektrische Geräte, kein Telefon, kein Auto – nichts von Alledem, was unser Leben heute so bequem macht.

Die Autorin erzählt das damalige Leben in kurzen Geschichten, zeigt die Diskrepanz von vor gerade mal fünfzig Jahren gegenüber dem Heute auf und vermittelt das Gefühl, dass sie trotzdem oder gerade deswegen eine erfüllte und glückliche Kindheit verlebte.

ERIKA WALDHAUSER

... und dazwischen eine Masche

Kindheitserzählungen aus den 50-er Jahren in Graz

Die „vier" Nachbarkinder vor dem Grazer Uhrturm

Herstellung und Verlag:
BoD - Books on Demand, Norderstedt
978-3-7412-9326-9

Ich danke meinen Fördergebern für die Unterstützung meines Buchprojektes:

→ Kultur

Stadt Graz - Kulturamt

Gemeinde Vasoldsberg

Dieses Buch widme ich in Liebe meiner Familie, vor allem aber meinen drei Kindern, die die mir wichtigen Werte meines Lebens übernommen und diese auch ihren Kindern, so weit das in der heutigen schnelllebigen Zeit möglich ist, weitergegeben haben.

INHALT

Vorwort	8
Einführung	9
Erste Lebensjahre	11
Mein Elternhaus	21
Gemüsegarten	38
Obst, Beeren und sonstige Früchte	41
Süßmost	50
Äcker	53
Heu	56
Hausbrunnen	62
Quelle	63
Wäsche waschen	65
Kochen und Heizen	69
Baden und Waschen	72
Plumpsklo	76
Einkaufen	78
Kleidung	82
Strom	88
Telefon - Post – Werbung	92
Tramway und O-Bus	96
Besen binden und Körbe flechten	99
Topfflicker - Scherenschleifer – Bauchladen	101
Abfall	103
Transportmittel und Fahrzeuge	105
Spielzeug	108
Wiese und Wald	120
Aussicht	122
Schwimmbad	124

Ostern	127
Nikolaus	130
Weihnachten	131
Haustiere	133
Meine Tiere	140
Spaziergänge und Ausflüge	146
Schule	150
Murfähre	161
Kugelblitz	162
Zeppelin	163
Schlusswort	164

VORWORT

Anlässlich eines Besuches bei meinem Neffen, der gerade eine kleine Tochter bekommen hatte, führten unsere Gespräche mit meinem Bruder und meiner Schwägerin in die vergangene Zeit unserer Kindheit. Wir mussten feststellen, dass mein Neffe und seine Frau über unsere Erlebnisse und vor allem unsere Art zu leben völlig erstaunt waren und sich nicht vorstellen konnten, dass wir, die Elterngeneration, so lebten. Sie hätten das eher der Zeit ihrer Urgroßeltern zuordnen können – oder jedenfalls viel, viel weiter zurück.

Dies inspirierte und veranlasste mich, meine Erinnerungen an meine Kindheit aufzuschreiben und in Buchform zu bringen.
Vor allem aber will ich den Leserinnen und Lesern nahe bringen, dass vor fünfzig bis sechzig Jahren alles anders war als heute. Die technischen Errungenschaften, die uns jetzt das Leben leichter und nicht selten auch schwerer machen, gab es am Markt nicht.
Man konnte mit wenig finanziellen Mitteln trotzdem ein erfülltes Leben ohne echte Entbehrungen führen - die bescheidenen Wünsche waren auf das Lebensnotwendige beschränkt. Vor allem wir Kinder hatten viel Spaß und Freude, ohne das erdrückende Gefühl der Langeweile zu kennen - ohne Fernseher, ohne Computerspiele, ohne Handy ...
... nicht in einer ländlichen Dorfgemeinschaft, sondern am Stadtrand der zweitgrößten Stadt Österreichs.

EINFÜHRUNG

Ich wurde geboren im August 1948 in Graz als Nachkriegskind und Tochter einer gerade mal sechzehnjährigen Mutter. Mein Vater war vierunddreißig und kam drei Jahre zuvor vom Krieg heim.

Hochzeitsbild meiner Eltern im April 1948 – kurz nach dem 16. Geburtstag meiner Mutter. Im August 1948 kam ich zur Welt.

Meinen Namen - Erika - verdanke ich dem Heidekraut gleichen Namens, das zum Zeitpunkt meiner Geburt gerade blühte.

Wir hatten das Glück, dass die ganze Familie aus den Kriegswirren unversehrt hervor ging und auch das Anwesen mit Haus keinen Schaden davon trug – und - wir waren in der Lage, in dieser Nachkriegszeit großteils für unsere Lebensmittel selbst sorgen zu können.

Mein Vater war unverletzt geblieben und hatte sofort Arbeit gefunden. Als Familie lebten wir bescheiden und meine Eltern mussten hart arbeiten. Wir Kinder aber vermissten nichts. Für unsere Bedürfnisse war gesorgt und unsere Wünsche – so wir überhaupt welche hatten – wurden weitestgehend erfüllt.

ERSTE LEBENSJAHRE

An die Zeit als Kleinkind habe ich selbst naturgemäß nicht viele Erinnerungen. Es gibt nur wenige Fotos. Mein Vater ist praktisch nie auf den Fotos zu sehen – er stand immer hinter dem Fotoapparat. Der älteste Fotoapparat, an den ich mich erinnern kann, war ein relativ großes viereckiges Blechkastel mit etwa zehn Zentimeter Kantenlänge, bezogen mit einem lederähnlichen Material. An der oberen Fläche befand sich ein Haltegriff, eine seitliche Fläche konnte man öffnen und so den Film wechseln. Die Linse war nicht verstellbar und man sah das zu fotografierende Motiv verkehrt rum – also auf dem Kopf stehend.

Eines der Fotos zeigt mich in einer Tisch-Bank-Kombination, welche von meinem Vater gebaut wurde. Ich dürfte etwa zwei Jahre alt sein.
Da meine Haare zu diesem Zeitpunkt schon lange genug waren, zierte meinen Kopf erstmals eine große Haarmasche. Diese Haarmaschen aus verschiedenen Bändern in verschiedenen Breiten, Farben und Mustern waren eine Vorliebe meiner Mutter. Die Maschen wurden immer wieder gewaschen und sorgfältig gebügelt. Die Befestigung auf meinen Haaren erfolgte mittels einer einfachen Haarspange. Vorher wurde mein Haar oben auf dem Kopf zu einer Rolle geformt und fixiert und darauf kam die Masche. Diese Masche verfolgte mich von meinen erst Lebensjahren an bis in die dritte Klasse der Volksschule. Ich lehnte sie mehr und mehr ab, je älter ich wurde - aber die Masche musste sein.

Mein Vater war bei den Grazer Verkehrsbetrieben beschäftigt und verdiente das einzige Familieneinkommen. Meine Mutter kümmerte sich vor allem um mich, hatte den Haushalt und den Gemüsegarten zu versorgen und verschiedene Arbeiten am Grund zu erledigen.

Da es keinerlei Geräte gab, die mit Strom betrieben wurden, war praktisch alle Hausarbeit händisch zu verrichten. Meine junge Mutter kam mit ihren Aufgaben offensichtlich gut zurecht und meisterte den Haushalt und meine Betreuung wunderbar.

Nach Erzählungen wurde ich nach dem Abstillen mit Grießbrei, welcher in mit Wasser verdünnter Milch eingekocht wurde, ernährt. Die Milch wurde von einem nahen Bauernhof frisch geholt.
Natürlich gab es damals in der Nachkriegszeit keine Babyfertignahrung, auch keinen aufbereiteten Babygrieß, sondern einfach ganz normalen Weizengrieß, aus welchem man heute zum Beispiel Grießnockerln zubereiten würde. Gott sei Dank hatte ich keine Verdauungsprobleme und wurde auch nicht besonders dick davon.

Ich mit „Käfi" an meinem eigenen Tisch mit Bank.

Sobald ich andere Nahrung vertrug, gab es Spinat, gekochte Möhren und Erdäpfelpürre (Kartoffelbrei) – alles aus dem eigenen Anbau. Bananen hätten als exotische Frucht gekauft werden müssen und waren damals in meinem Menüplan nicht enthalten. Ich weiß gar nicht, ob es damals überhaupt Bananen zu kaufen gegeben hätte. Bei unserem Greislerladen, in dem wir immer einkauften, jedenfalls sicher nicht.

Im Sommer saß meine Mutter mit mir öfters auf einer Decke auf der Wiese im Schatten eines Baumes. Dann flocht sie mir einen Kranz aus Gänseblümchen oder Löwenzahnblumen, welchen sie mir auf das Haar setzte. Ich kam mir vor wie eine Prinzessin. Leider war der Blumenkranz abends schon wieder welk und mein Prinzessinendasein somit beendet.

Wenn meine Eltern Kirschen pflückten, wurde immer eine lange hölzerne Leiter von meinem Vater an den Kirschbaum gelehnt. Er balancierte diese lange Leiter stehend, bis er die passende Stelle fand, an welcher er sie in der Baumkrone anlehnen konnte.

Mir wurde von meinen Eltern erzählt, dass ich mit zwei Jahren plötzlich in ein paar Metern Höhe auf dieser Leiter stand. Nach dem ersten Schrecken kletterte mein Vater hinter mir hinauf und stieg mit mir Sprosse für Sprosse, mich haltend, vorsichtig wieder herunter. Mir ist nicht bekannt, ob ich dafür bestraft wurde. Jedenfalls probierte ich nach Aussagen meiner Eltern lange nicht mehr eine

Leiter zu besteigen, erst wieder als ich alt genug dafür war und so quasi die stillschweigende Erlaubnis meiner Eltern hatte. Höhenangst befiel mich nie - bis heute nicht.

Eines Tages erklärten mir meine Eltern, ich war dreieinhalb Jahre alt und an das kann ich mich wirklich noch genau erinnern, dass meine Mutter vom Storch in das Bein gezwickt worden ist und dass ich deshalb ein Geschwisterchen bekommen würde. Ich hatte dazu keine weiteren Fragen, ein dicker Bauch meiner Mutter fiel mir offensichtlich auch nicht auf. Jedenfalls musste meine Mutter eines Tages ins Spital. Warum meine Mutter ins Spital musste, wusste ich nicht. Es interessierte mich auch nicht, wahrscheinlich wurde sie vom Storch so stark gezwickt …

Nachdem mein Bruder geboren war, besuchten mein Vater und meine Oma mit mir meine Mutter im Spital. Dort konnten wir meinen Bruder hinter einer Glasscheibe besichtigen. Dass ich jetzt einen Bruder hatte, realisierte ich zu diesem Zeitpunkt sicher noch nicht, erst als meine Mutter mit meinem Bruder daheim angekommen war.

Der Schlafkinderwagen für meinen Bruder hatte relativ kleine Räder, sodass der tiefe Wagen sehr knapp über der Straße lag, und ein rückfaltbares Dach. Ich konnte als Dreijährige jedenfalls problemlos in den Kinderwagen hinein schauen und greifen, so niedrig war er.

Meine Mutter mit mir auf der Wiese im Frühjahr 1949.

Später gab es einen Sitzwagen, auch dieser hatte kleine Räder und lag sehr tief. Die Sitzlehne war zu verschiedenen Schrägen verstellbar, sodass ein Kind, wenn es müde war, darin auch schlafen konnte. Vermutlich lag auch ich schon in diesen Kinderwägen oder zumindest in solchen ähnlicher Bauart.

Für mich stellte sich bald heraus, dass meine Mutter mehr Zeit für meinen kleinen Bruder aufwendete als für mich, wodurch ich ins Abseits rückte – zumindest in meiner Wahrnehmung - auf einmal war ich die Große.
Nur für meine Oma blieb ich die Kleine und sie schaffte so für mich einen emotionalen Ausgleich.

Wir waren zwar keine klassische Großfamilie - Oma führte mit meinem Onkel einen eigenen Haushalt - aber wir wohnten im gleichen Haus. Dadurch gab es viel Nähe und meine Oma und mich verband eine ganz besondere Liebe. Sie war schon viele Jahre lang Witwe, bereits dreiundsechzig Jahre alt als ich geboren wurde und hatte mit ihrem ersten Enkelkind, also mit mir, große Freude.

Wann immer sie konnte, verhätschelte sie mich, steckte mir Süßigkeiten zu, später natürlich auch meinem Bruder – sehr zum Missfallen meiner Mutter. Aus diesem Grunde gab es öfters Zwistigkeiten zwischen meiner Mutter und meiner Oma, ihrer Schwiegermutter.

*Sitzkinderwagen „Bauart etwa 1950"
mit meinem Bruder auf einem Bauernhof*

Oma hatte als Leckerbissen vieles zu bieten. Da gab es immer frische Semmeln, die mein Onkel täglich einkaufte, und dazu ein Enzian-Eckerlkäse. Ich weiß nicht, warum das so etwas Besonderes war, aber mir schmeckte es wunderbar. Wahrscheinlich deshalb, weil es bei uns fast nie Semmeln gab, immer nur Brot.

Auch die Eisschokolade in Form eines vielleicht hundert Gramm schweren Schokoriegels in Zellophan eingewickelt, die mein Onkel immer vorrätig hatte, da er sie selbst so gerne aß, war köstlich. Wenn man sie langsam lutschte, schmeckte sie kühl, fast wirklich so wie Eis. Ich kann mich noch an eine Ein-Schilling-Schokolade erinnern. Diese Schokolade dürfte etwa zwanzig bis dreißig Gramm gewogen haben. Ebenso sind mir noch die Stollwerks in Erinnerung. Das waren viereckige Zuckerl, einzeln in Papier eingewickelt und kosteten zehn Groschen pro Stück. Manche waren zäh wie Kaugummi und schmeckten nach irgend einer Frucht und manche waren weich, fast bröselig und hatten einen Karamelgeschmack.

Im Sommer, wenn ich zur Schule ging, gab es hie und da fünfzig Groschen für ein Eis mit einer Kugel in einer Tüte. Das durfte meine Mutter natürlich auch nicht wissen und Oma steckte mir das Geld immer um die Ecke von ihrem Verandafenster aus zu.

Das waren die kleinen Geheimnisse zwischen meiner Oma und mir beziehungsweise uns Kindern.

Meine Mutter und meine Oma mit mir auf dem Arm im Sommer 1949.

MEIN ELTERNHAUS

Elternhaus - fotografiert 1940

Wir wohnten am nördlichen Stadtrand von Graz auf etwa fünfhundert Metern Seehöhe in einem Haus, das meinem Vater und meinem Onkel je zur Hälfte gehörte. Um das Haus herum war ein ein Hektar großes Grundstück, großteils östliche Hanglage, mit einem kleinen Anteil Wald, welcher im Wesentlichen aus zwei großen Buchen und einigem Strauchwerk bestand.

Wir hatten eine herrliche Aussicht Richtung Süden mit dem Schlossberg und dem Stadtpark vor uns. Das Läuten der „Liesl" vom Glockenturm des Schlossberges jeweils um sieben Uhr früh, mittags um zwölf und abends um sieben Uhr gehörte zu meiner Kindheit.

Das Haus selbst war ein Langhaus. Alle Räume in diesem Haus reihten sich nacheinander an und so sie nicht einen Zugang von außen hatten, waren sie Durchgangszimmer. Ursprünglich bestand das Haus aus einem unterkellerten Wohntrakt und einem angebauten Stallgebäude, worüber sich ein Heuboden und ein Dachboden befanden.
Das ebenerdige nicht unterkellerte Stallgebäude wurde von meinem Vater für unsere Familie ausgebaut – so hatten wir letztendlich alle Platz.

Der Dachboden hatte es uns Kindern besonders angetan. Manchmal schlichen wir einfach trotz Verbot hinauf. Dort gab es alte Schränke, Tische, Sesseln, Bilder, Kleider, Werkzeug ... Wir bekamen nicht genug davon, in diesen alten Sachen herum zu stöbern. Es war alles fürchterlich verstaubt, aber das störte uns nicht – nur unsere Mutter war nicht begeistert, sie musste die Kleider wieder waschen - und das Verbot wurde erneuert - bis zum nächsten Mal.

Sämtliche Zimmer hatten Fenster in den Hof hinaus. An der anderen Seite führte die Straße vorbei, dort waren an der Fassade nur Scheinbalken - vielleicht waren früher ja mal auch dort Fenster gewesen. Lediglich die Küche meiner Oma und unsere Küche hatten echte Fenster zur Straße hinaus. Da in dieser Zeit praktisch so gut wie keine Autos auf der Straße fuhren, war das weiter keine Lärmbelästigung.
Das Elternschlafzimmer hatte als Erinnerung an das vormalige Stallgebäude eine Gewölbedecke. Heute hätte

ein Fan rustikaler Bauweise seine Freude daran.
Die Einrichtung des Schlafzimmers meiner Eltern bestand, wie in den Sechzigerjahren üblich, aus braun lasierten Möbeln und in den Betten waren dreiteilige Federkernmatratzen. Einteilige Matratzen gab es damals offensichtlich keine. Auch die Psyche mit einem großen Spiegel in der Mitte durfte nicht fehlen. Eine Pendeluhr in einem Uhrkasten mit Glastüre ergänzte noch die Einrichtung. Ich kann mich sogar daran erinnern, dass mein Vater den Uhrkasten einmal neu strich, sodass er in der Farbe besser zu den übrigen Möbeln passte. Kurz bevor der Lack völlig trocken war, wurde er mit einem Pinsel verwischt – so entstand eine lasurartige Oberfläche. Diese Pendeluhr wurde mit Gewichten aufgezogen. Dazu musste man auf einer Seite das Gewicht, das sich oben befand, herunterziehen. Während die Uhr ablief, ging das heruntergezogene Gewicht wieder hoch und das andere lief langsam herunter. Ich weiß noch, wie ich mich dafür interessierte, wie das funktioniert und mein Vater mir das geduldig erklärte. Die Gewichte jedenfalls hatten die Form von Tannenzapfen aus Messing – sehr originell.

In der hölzernen Truheneckbank, die in der angrenzenden Wohnküche stand, wurde alles Mögliche aufbewahrt: Papiersäcke vom Einkaufen, Zeitschriften und auch die alten Zeitungen, welche man einerseits zum Anheizen benötigte und andererseits zerschnitten als Klopapier verwendete.
Meine Mutter bewahrte dort auch immer die Lesezirkel-Mappe auf. Das war ein Pappkarton-Umschlag mit etwa

acht Illustrierten drin, die man sich wöchentlich zum Lesen ausborgen konnte. Je nach Aktualität waren diese Mappen teurer oder billiger. Meine Mutter nahm immer die bereits mehrere Wochen alte Mappe, die war am günstigsten. Hier ging es ja nicht um aktuelle Nachrichten, die entnahm man ohnedies einer Tageszeitung – bei uns war das die großformatige „Tagespost". Für „Klatsch und Tratsch" sowie für Fortsetzungsromane und Ähnliches reichten die älteren Lesezirkel völlig.

Vor der Eckbank stand der Esstisch mit Bestecklade und auf der gegenüberliegenden Seite zwei Holzsessel. Unsere Familie hatte also letztlich zu viert bequem Platz. Um die hölzerne Tischplatte besser sauber halten zu können, war immer ein irgendwie gemustertes Tischtuch aus Wachsleinwand darüber.

In der weiß lackierten Kredenz wurde all unser Geschirr aufbewahrt. Teller und Tassen waren aus pastellfärbigem Porzellan, Töpfe aus braunem emailliertem Blech. Eine Kredenz bestand aus einem Unterkasten mit zwei Türl'n, dahinter einem Fachbrett und darüber zwei Laden. Auf diesem Unterkasten stand ein Oberteil mit zwei Glastürl'n so erhöht montiert, dass dazwischen die Deckfläche des Unterkastens als Arbeits- oder Abstellfläche dienen konnte. Die Scheiben der oberen Kredenztürl'n hatten Blumenmuster. Ich habe keine Ahnung ob diese Muster im Glas geschliffen oder geätzt waren, es sah jedenfalls sehr hübsch aus. Die Türen hatten zum Öffnen entweder Knöpfe aus Keramik oder Griffe aus geschmiedetem Eisen.

Den Mittelpunkt der Wohnküche bildete der große Tischherd, auf welchem meine Mutter viele Jahre lang kochte und backte.

Ein weiteres besonderes Möbelstück, das in dieser Zeit sicher einzigartig war, war ein Abwaschkastel. Das war ein Schrank mit einer tiefen Lade und zwei runden Ausnehmungen, in welche man zwei Schüsseln aus emailliertem Blech einhängen konnte. Die obere Abdeckung konnte man hochklappen und darunter, über den Schüsseln, war eine verzinkte Blechabtropfwanne. Dort wurde das Geschirr nach dem Waschen aufgetürmt. Diese Geschirrtürme liebte ich nicht besonders, denn ich bekam dann, als ich schon größer war, im Normalfall ein Geschirrtuch in die Hand gedrückt und musste das Geschirr abtrocknen und wegräumen.

In der angebauten Speis (kleiner kühler Raum zum Aufbewahren von Lebensmitteln) wurden in einem offenen Regal alle Lebensmittel, die nicht im Keller gelagert waren, aufbewahrt. Als Kühlschrankersatz war das keine schlechte Lösung, zumal zwei Luftlöcher oben und unten für Frischluft sorgten. Da dies nordseitig war, war es immer kühl, auch im Sommer.

Die übrigen Zimmer wurden von meiner Oma, meinem Onkel und eine Zeit lang noch von meiner Großtante bewohnt – das war der alte Wohntrakt des Hauses. Nachdem meine Großtante verstorben war, wurde ihr Zimmer dann unser Kinderzimmer.

Die eine Verbindungstüre wurde verschlossen und die Verbindungstüre zum Schlafzimmer meiner Eltern aufgemacht - schon war der Umbau vollzogen. Natürlich wurde alles frisch ausgemalt mit irgendeiner Pastellfarbe und einem Walzenmuster in einer dunkleren Farbe darüber. Mein Vater besaß mehrere solcher Walzen mit verschiedenen Mustern. Verwendet wurden früher ausschließlich Leimfarben, die in den Zimmern durch das häufige Ausmalen schon ziemlich dick aufgetragen waren. Wenn die Farben zum Abblättern begannen, wurde wieder mal eine Schicht abgeschabt. Das schaute dann immer recht lustig aus, wenn die alten Farben und Muster zum Vorschein kamen.

Abgesehen von den Malerarbeiten innerhalb der Familie betätigte sich mein Vater auch im näheren Umfeld als Maler. Er war bekannt dafür, dass er sorgfältig und genau arbeitete und außerdem verlangte er nicht viel, man holte ihn recht gerne. Ich glaube, meinem Vater machte es auch in gewisser Weise Spaß. So kam er unter die Leute und verdiente sich obendrein eine Kleinigkeit dazu, wobei ein Mittagessen oder eine Jause immer inkludiert war.

Auch hatte mein Vater in ein paar Metern Entfernung vom Brunnen eine abgedeckte Kalkgrube, wo er Löschkalk zum Mauern und Verputzen aufbewahrte und entnahm. Das war einfach eine Erdgrube mit Brettern darüber. Sämtliche Ausbesserungs- und Verputzarbeiten am Haus und teilweise auch in der Nachbarschaft wurden von meinem Vater durchgeführt und da er den Kalk immer

vorrätig hatte, benötigte er nur noch Sand und Wasser.
Mein Vater war also sehr vielseitig veranlagt.

Unser damaliges Kinderzimmer war sehr klein. Der Breite nach hatten gerade mal zwei Betten Platz, dazwischen gab es ein Nachtkasterl und darüber ein kleines Licht mit einem bunten Plastikschirmchen an der Wand. Über dem Kopfende meines Bettes hing ein Bild mit dem Motiv eines Schutzengels darauf, der ein Kind, das über eine Brücke geht, beschützt. Dieses Bild habe ich lange in Ehren gehalten, bis ich es letztlich meiner ältesten Enkelin schenkte.

Sonst gab es noch eine Kommode für unser Spielzeug und einen Kleiderschrank – das war's.
Als Baby und Kleinkind hatten wir natürlich ein hölzernes Gitterbett, wobei ein Seitenteil des Gitters herunter geschoben werden konnte. Das Gitterbett war sehr groß und ich kann mich daran erinnern, dass mein Bruder recht lange darin lag.

Engelbild an der Wand im Kinderzimmer über meinem Bett.

Unsere späteren Betten waren besonders originell. Das Bett meines Bruders bestand aus einem verchromten Eisenrohrrahmengestell mit einem Drahtgittereinsatz, welcher gleichzeitig Kopf- und Fußteil zusammen hielt. Der Kopf- und Fußteil meines Bettes bestand aus mit Rundrohren eingerahmten Blechtafeln, ebenso die Seitenteile und war weiß lackiert. Der Einsatz war ein Holzrahmen mit einem angenagelten Drahtgitter dazwischen. Als Matratzen hatten wir Kinder alte dreiteilige Rosshaarmatratzen. Die waren nicht sehr hoch, ich denke so maximal etwa acht Zentimeter. Die Einsätze von beiden Betten hingen fürchterlich durch und man lag im Bett fast wie in einer Hängematte. Mag sein, dass heute so mancher Mediziner aufheulen würde, aber das Hängemattenprinzip kann nicht so schlecht sein, wir Kinder trugen weder einen runden Rücken davon noch sonst irgendwelche körperlichen Schäden.

Das Schlaf-/Wohnzimmer meiner Oma wirkte durch die Möbel dunkel, war aber trotzdem heimelig. Es war ein Hort der Ruhe und ich hielt mich dort sehr gerne auf. In der Mitte stand ein großer runder Tisch, welcher rundherum lauter Laden hatte. In diesen Laden wurde von der Oma alles Mögliche an Krims-Krams aufbewahrt. Ich stöberte oft mit Begeisterung darin herum - Oma hatte nichts dagegen. Um den Tisch herum standen mehrere Holzsessel mit runder Sitzfläche, so wie man sie in Antiquariaten heute noch findet und viel Geld dafür bezahlen würde.
Als ich noch sehr klein war, zeichnete Oma für mich mit Bleistift alle möglichen Figuren, so ähnlich wie mein Vater.

Dazu saß ich bei ihr im Zimmer an diesem runden Tisch und diktierte Oma, was sie zeichnen sollte.

An einer Wand standen zwei Kästen, die mich besonders faszinierten. Hinter den Glastüren der Kästen befanden sich viele, viele, viele Bücher, die alle meinem Onkel gehörten. Ich glaube, mein Onkel hat alle Bücher gelesen, jedenfalls verbrachte er die meiste Zeit lesend hinter seiner Brille – so habe ich ihn in Erinnerung.
Als Mädchen mit angeborener Eitelkeit liebte ich besonders den riesigen Spiegel mit Goldrahmen. Dadurch, dass er oben schräg von der Wand weg hing, konnte auch ich mich ganz darin sehen. Man konnte Grimassen schneiden, sich verkleiden und Frisuren ausprobieren oder sich drehen und den Rock schwingen – und immer wieder in den Spiegel schauen und sich betrachten.
Eine Pendeluhr in Omas Zimmer hatte einen Uhrkasten mit wunderschönen geschnitzten Verzierungen, ergänzt durch angenagelte gepresste Motive aus Messing. Auch die Uhr selbst hatte Messingverzierungen und verschnörkelte Zeiger. Das Uhrwerk musste nur einmal wöchentlich aufgezogen werden, ebenso das Läutwerk. Sie schlug zu jeder vollen Stunde die jeweilige Stundenanzahl und zu jeder halben Stunde ein Mal. Der Klang des Läutwerkes war voll tönend und angenehm zu hören und unterbrach die Stille des Zimmers.

Penduluhr in Omas Wohn-/Schlafzimmer

Was mich immer faszinierte, war ein kleiner Sekretär mit geschnitzten und gedrechselten Aufbauten und einem versperrbaren Tabernakel sowie einigen Laden. Es gab auch ein kleines Geheimfach in diesem Sekretär, wo meine Oma offensichtlich ihre Dokumente aufbewahrte – vielleicht waren es ja auch Liebesbriefe aus vergangenen Zeiten ...

Zum Ausruhen oder für ein Mittagsschläfchen, welches meine Oma täglich abhielt, stand unter dem Spiegel ein Diwan mit erhöhtem rund geformtem Kopfteil, bezogen mit olivfärbigem Samt mit Messingnägeln an den Kanten, welche den Stoff fest hielten.

Auch Oma kochte auf einem großen Tischherd und neben einer Kredenz, ähnlich wie diese in unserer Küche, stand noch ein kleiner Tisch mit nur zwei Sesseln, der als Essplatz für meine Oma und meinen Onkel diente.

Unter der Stiege, die in das Dachgeschoss führte, hatte meine Oma eine Abstellkammer, die auch teilweise als Speis fungierte und von der Küche aus begehbar war.

In das Zimmer meines Onkels ging ich nur selten, es war duster und roch eigenartig - ich mochte es nicht. Als Besonderheit stand dort ein Tisch, auf welchem eine Lavur und ein Wasserkrug aus Keramik zum Waschen standen.

Der Balkon und die Veranda vor dem Zimmer meiner Oma hatten geschnitzte Holzgeländer zwischen dicken hölzernen Stehern.

Unter der Veranda befand sich noch so etwas wie ein ein

Meter hohes Kellerloch, in welches man nur durch eine Fensteröffnung hinein schlüpfen konnte. Mir war nie klar, wozu das überhaupt da war – aber als Versteck eignete es sich wunderbar. Wahrscheinlich entstand diese Konstruktion deshalb, weil man so Material einsparte.

Die Fenster des Hauses hatten neben den inneren Fensterflügeln im Winter auch außen Fensterflügel und im Sommer anstatt der äußeren Fensterflügel Holzbalken. Ein Flügel war etwa einen halben Meter breit und eineinhalb Meter hoch.
Im Frühjahr mussten also die Außenfensterflügel ausgehängt werden und die Holzbalken eingehängt, im Herbst vor dem Winter dann wieder umgekehrt.
Das erledigte, so lange ich zurück denken kann, meine Oma. Sie hatte rätselhafter Weise die Kraft, diese Dinger stehend zu balancieren und ein- bzw. auszuhängen. Dabei waren vor allem die Balken sicher sehr schwer. Die waren aus Massivholz und hatten zirka acht Zentimeter breite Lamellen. Die Lamellen konnte man auf- und zumachen und außerdem konnte der gesamte Lamellenteil ausgeschwenkt werden. Auf diese Art und Weise blieb die Hitze durch die abgeschirmte Sonne im Sommer draußen, aber es kam trotzdem ausreichend Frischluft herein.
Die nicht verwendeten Balken bzw. Fenster wurden im Keller gelagert. Wenn man sie herauf holte, waren sie natürlich verschmutzt und bevor man sie einhängen konnte, mussten sie erst gewaschen werden.
Die Balken waren dunkelgrün und wenn die Farbe durch die Sonneneinstrahlung abblätterte, wurden sie neu gestri-

chen. Das war die Aufgabe meines Vaters.
Zum Einglasen kaputt gegangener Scheiben in den Fenstern hatte mein Vater einen Glasschneider. Mit dem konnte er aus alten Scheiben, die immer irgendwo herum lehnten, wieder die richtige Scheibengröße herausschneiden und die Fenster neu verglasen. Manchmal gab es auch gestückelte Scheiben. Das heißt, es wurden zwei kleinere Scheiben überlappend eingeglast. Das war zwar nicht sehr schön, erfüllte aber seinen Zweck.
Das Festhalten der Scheiben im Rahmen erfolgte mit kleinen blechernen Dreieckchen, die man seitlich in den Holzrahmen einschlug. Darüber wurde Fensterkitt geschmiert, der anfangs ganz weich war und erst mit der Zeit trocknete und hart wurde. Dann konnte man ihn mit überstreichen, wenn man die Fensterrahmen lackierte. Silikon war damals unbekannt und Thermoscheiben ebenfalls.
Diese Holzfenster waren nie ganz luftdicht und so legte man im Winter zwischen den beiden Fenstern auf die Fensterbank entweder eine zusammengefaltete alte Decke oder eigens dafür genähte Polster. Das verhinderte zumindest einen kalten unangenehmen Luftzug nach unten. Der Rest des möglichen Luftaustausches störte nicht weiter, so war immer für natürliche Belüftung gesorgt. Das Raumklima war durch eine dicke massive Ziegelmauer sehr ausgeglichen und keinen großen Schwankungen unterworfen. Im Winter war es gleichmäßig warm und im Sommer kühl.

Sämtliche Böden in allen Zimmern waren anfangs aus dicken Holzbohlen. Diese wurden mit einer Bodenbürste geschrubbt und dann mit Bohnerwachs mit einem Tuch eingelassen. Das war eine mühsame Prozedur auf den Knien. Später wurde in unserer Küche über die Holzbohlen ein Linoleumboden verlegt. Das war insoferne besser, als dieser Boden leicht aufzuwischen war. Das war speziell in der Küche von großem Vorteil. Im Schlaf- und Kinderzimmer wurden irgendwann Nut- und Federbretter verlegt und lackiert. Auch diese Bodenoberfläche war wesentlich leichter zu pflegen und bedeutete eine Arbeitserleichterung für meine Mutter.

Lampen hatten meistens einfache Keramik- oder Glasschirme mit irgendwelchen Mustern. Nur im Zimmer meiner Oma gab es einen mehrarmigen Luster aus Messing mit Glaskugeln oder Schalen auf den Armen.

Der alte Trakt des Hauses, in dem meine Oma wohnte, war unterkellert. Dieser Keller hatte einen Naturlehmboden und ein ziegelgemauertes Gewölbe. Durch diesen Keller waren wir in der Lage, die eigenen angebauten und geernteten Nahrungsmittel zum Großteil auch über den Winter zu bringen - ohne Gefriertruhe und ohne Kühlschrank.
Durch den feuchten Lehmboden war eingelagertes Obst und Gemüse bis zum Frühjahr hin frisch und saftig. Dort wurden auch die Fässer mit Most gelagert. In den Stellagen gab es große Gläser mit in Kalk eingelegten Eiern für den Winter, wenn die Hühner weniger Eier legten,

und Rexgläser mit Kompotten aller Art. Auch befand sich dort ein Schrank mit einer ganz feinmaschigen Gittertüre gegen Mäuse und Insekten gesichert, in welchem unser geselchtes Fleisch und die Würste hingen – von unserer Kaschpelsau (Kaschpel ist eine Mischung aus Lebensmittelabfällen).

In den Keller gelangte man vom Hof aus durch ein schräges hölzernes Kellertor über ein paar Lehmstufen, welche mit Mauerziegeln befestigt waren. Nach den Stufen war noch einmal ein zweiflügeliges Kellertor, welches man mit einem Riegel und einem Vorhängeschloss versperren konnte. Das war schon wichtig, immerhin befanden sich im Keller ein Großteil unserer Lebensmittelvorräte! Wenn sich in der Nacht jemand an diesen Vorräten zu schaffen gemacht hätte, hätten wir es nicht bemerkt. Einen Wachhund, der uns einen eventuellen Einbrecher gemeldet hätte, besaßen wir nicht.

Vor dem Haus und auf der gegenüberliegenden Seite der Hauseinfahrt waren Blumenbeete mit Schwertlilien und Rosen, welche meine Oma pflegte. Sie hatte immer wieder eine kleine Haue in der Hand, hackte in diesen Beeten herum und zupfte Unkraut. Auch die Überreste der verblühten Rosen zupfte sie immer so nebenbei mit den Fingern ab, wenn sie im Hof war. Mir erklärte sie, dass die Rosenstöcke sonst ihre Kraft verlieren würden - ich mache das heute auch noch so.

*Meine Mutter, mein Bruder, meine Oma und ich
mit etwa neun Jahren vor der Hausveranda.
Davor und seitlich entlang des Hofes
Blumenbeete voller Schwertlilien.
Im Hintergrund rechts ist die Hütte zu sehen,
worin unsere Kaschpelsau groß gezogen wurde.*

Innerhalb der straßenseitigen Zaunhecke hinter dem Haus wuchsen drei riesige Fichten empor, wo darunter im Schatten im Mai große Flächen von Maiglöckchen ihren Duft verströmten – ich steckte oft meine Nase hinein und zog begierig dieses Aroma ein – herrlich! Manchmal pflückte ich auch ein Sträußchen Maiglöckchen und brachte es meiner Mutter, die es in eine Vase stellen musste.

GEMÜSEGARTEN – ESSEN - JAUSE

Am nördlichen Ende des Grundstückes befand sich ein riesiger Gemüsegarten, welcher von meiner Mutter und meiner Oma je zur Hälfte bewirtschaftet wurde. Dort wuchs alles an Gemüse und Kräutern, was man sich nur vorstellen konnte.
Petersilie, Schnittlauch, Dille, Majoran, Thymian, Möhren (Karotten), Zwiebel, Knoblauch, Kohlrüben, Rohnen (rote Rüben), Kraut, Karfiol (Blumenkohl), Gurken, Paradeiser (Tomaten), Paprika, Melanzani, Kürbis, Rhabarber, Stangenbohnen, Buschbohnen, Erbsen und natürlich das ganze Jahr über die unterschiedlichsten Salatsorten.
Da es noch lange keine Tiefkühltruhe gab, war man auf die alten Methoden der Haltbarmachung angewiesen.
Zum Beispiel wurden Endiviensalat, Rohnen und Möhren im Herbst im Keller in Sand eingeschlagen. Das Gemüse hielt so fast bis zum Frühjahr. Zwiebel und Knoblauch wurden zum Trocknen aufgehängt. Kraut wurde in einem hölzernen kleinen Fass eingelegt und daraus Sauerkraut gemacht. Kleine Gurken wurden in Essig eingelegt. Bohnen und Erbsen wurden ausgelöst und getrocknet. Petersilie, Dille, Majoran und Thymian wurden ebenfalls zum Trocknen aufgehängt und getrocknet in Gläsern aufbewahrt.

Unsere Hauptmahlzeiten bestanden die ganze Woche über aus Gemüse aus dem eigenen Garten, verschiedenst zubereitet. Fleisch war etwas Besonderes und gab es fast nur am Wochenende oder zu besonderen Anlässen.

Jeder Vegetarier hätte seine wahre Freude am Menüplan meiner Mutter gehabt. Einige Mahlzeiten mochte ich nicht so gerne. Das war zum Beispiel Sterz (Maisgrießbrei) mit Milch. Ich benötigte jede Menge Milch, um diesen Sterz hinunterspülen zu können. Oder Gurkensauce - diese weichen lappigen Gurkenscheiben in der Sauce reizten mich regelmäßig zum Würgen. Aber aufgegessen musste immer alles werden, da waren meine Eltern stur.

Was im Nachhinein betrachtet besonders vorteilhaft war - das Gemüse und die Früchte des Gartens waren garantiert BIO. Gedüngt wurde mit Kuhmist vom Nachbarn, dessen Kühe ebenfalls biologisch einwandfrei ernährt wurden – sie weideten im Sommer auf der Wiese und bekamen im Winter das eigene abgemähte und getrocknete Heu von den Wiesen. Kunstdünger oder Spritzmittel fanden keine Verwendung, das wäre zu teuer gewesen.

Auch Kamille gab es im Gemüsegarten. Die Blüten wurden sorgfältig gepflückt, getrocknet und in ein Glas gegeben. Bei Bauchschmerzen und sonstigen Wehwehchen gab es eigenen Kamillentee.
Als hustenreizstillendes Hausmittel wurden im Frühjahr außerdem von Fichtenbäumen die frischen Triebe - die Maiwipferln - gepflückt und in Zuckerwasser eingelegt. Nachdem die Gläser einige Zeit der Sonne ausgesetzt worden waren, wurde der Saft abgeseiht und in Gläsern aufbewahrt. Der unvermeidliche Husten im Winter konnte kommen.

Zur Jause vormittags in der Schule oder nachmittags gab es Äpfel oder Birnen und von der Mutter fertig gerichtete Brote – meistens Doppelbrote. Manchmal waren es nur Butter- oder Schmalzbrote, selten war dazwischen Käse, noch seltener Wurst. Abends richtete meine Mutter ebenfalls fast immer nur Brote. Ich gab auf das Butterbrot mit Vorliebe noch Senf drauf oder Sardellenpasta – das mochte ich besonders gern und es wertete das reine Butterbrot auf. Wenn im Garten bereits die Radieschen, die Paradeiser und der Paprika reif waren, wurden diese aufgeschnitten und gesalzen zu Butterbrot gegessen. Auch gab es immer wieder weiche Eier – die hatten wir ja zur genüge von den Hühnern - und mitunter eine Eierspeis. Dazu wurde/n ein oder mehrere Eier in einem Häferl mit Salz versprudelt und in eine Pfanne mit Fett eingegossen. Wenn das Ei gestockt war, kam es auf einen Teller, dazu gab es trockenes Brot oder Butterbrot.

OBST, BEEREN UND SONSTIGE FRÜCHTE

Südlich an der großen Hüttenwand wuchs ein Traubenstock mit blauen Isabella-Trauben. Das war eine Ursorte, welche nicht gespritzt werden musste. Ungeziefer konnte dieser Traube nichts anhaben. Diese Trauben hatten extrem dicke Schalen, welche man im Mund herrlich ausquetschen konnte. Aus diesen Trauben - wie konnte es anders sein - entstand Traubensaft und Traubenmarmelade.

Im südlichen Bereich des Grundstückes am Zaun entlang wuchs eine wilde dichte Brombeerhecke, welche zwar stachelig war, aber herrlich süße Früchte trug. Wenn die Brombeeren reif waren, hatten wir Kinder vom Essen oft einen blau-schwarzen Mund und ebensolche Finger. Meine Mutter machte aus den Brombeeren Marmelade, wobei sie diese der Kerne wegen durch ein Passiersieb drückte.

Innerhalb der Zaunhecke, welche das ganze Wiesengrundstück einfriedete, wuchsen mehrere Hollersträuche und auch Akazien waren zu finden. Im Frühjahr, wenn die Sträucher blühten, gab es Holler- oder Akazienblüten in Backteig, im Fett herausgebacken und mit Staubzucker serviert, als Mittagessen. Auf den eigentümlichen Geschmack vor allem der Hollerstrauben freute ich mich jedes Jahr. Wenigstens einmal im Jahr mache ich diese Hollerstrauben heute noch und sie schmecken mir nach wie vor.

Am Grund verteilt gab es riesige Kirschbäume. Ich kann mich an mindestens zwei Maikirschbäume erinnern, zwei späte Kirschen, einen Baum mit weißen Kirschen sowie zwei oder drei Weichselbäume. Die Kirschbäume waren so hoch, dass man es mit der längstens Leiter nicht schaffte, alle Kirschen zu erreichen. Aber so blieb wenigstens den Vögeln noch etwas zum Ernten. Wir schauten meistens sehnsüchtig hinauf, wenn die Stare in Schwärmen die Kirschbäume überfielen, denn dort an der Sonne gab es die schönsten roten Kirschen - für uns jedoch unerreichbar.

Wir Kinder veranstalteten oft ein Kirschenwettessen. Es ging darum, wer die meisten Kirschen in einer bestimmten Zeit essen konnte - allerdings inklusive der Kerne. Das heißt, man musste die Kirschen samt den Kernen einfach schlucken. Ich weiß nicht, ob das gesundheitlich gerade gut ist, uns schadete es jedenfalls nie.

Abgesehen davon, dass zur Kirschenzeit Unmengen von Kirschen von uns allen gegessen wurden, kochte meine Mutter aus Kirschen frisches Kompott, welches meistens zu Schmarrn serviert wurde. Außerdem kochte meine Mutter jede Menge Kirschenkompott ein. Dazu gab es Rexgläser mit einem Liter und einem halben Liter Inhalt, mit einem Dichtgummi und Glasdeckel sowie Klammern, welche den Deckel während des Einkochens niederdrückten. Die Rexgläser kamen in einen großen verzinkten Rextopf, welcher einen gelochten Einsatz mit Mittelteil hatte, sodass die Gläser nicht direkt am Boden des Topfes standen und von Wasser umspült waren. Am Deckel befand sich ein Loch, durch welches ein Thermometer hineingesteckt werden konnte. Ich glaube, solche Rextöpfe gibt es heute gar nicht mehr zu kaufen.

Außerdem gab es verschiedene Sorten von Birnen, saftige und mehlige. Eine besondere Sorte waren die Nagowitzer. Die sind zwar klein – nicht viel größer als ein Daumen und man aß sie mit „Putz und Stingel" - waren aber im Geschmack unverwechselbar aromatisch und süß - ich liebe sie noch heute. Birnen wurden ebenfalls eingekocht, auch die Nagowitzer, letztere ohne Stängel im Ganzen. Da ich den Geschmack dieser kleinen Birnensorte besonders mochte, war mir auch das Kompott davon eines der liebsten.
Die Kompott- und Marmeladegläser wurden in der Speis hinter der Küche in einer Stellage aufbewahrt oder im Keller. So konnten wir den ganzen Winter lang unsere Früchte in dieser Form genießen.

Dann waren da noch verschiedene Apfelsorten, frühe und späte, solche die man gleich essen musste und solche, die man für den Winter einlagern konnte. Die Einlagerung von lagerfähigem Obst erfolgte im Keller. Zu diesem Zweck hatte mein Vater lange Reihen von tiefen Holzstellagen mit einem erhöhten Rand gezimmert, sodass das Obst nicht herunter fiel. Dort hinein wurden Äpfel und Birnen nach dem Pflücken aus den Körben vorsichtig hineingelegt, sodass sie nicht angeschlagen wurden. Darauf wurde besonders geachtet, denn sonst würde das Obst frühzeitig faulen. Vorher wurde in die Stellagen Zeitungspapier aufgelegt. Manche Apfelsorten hielten so bis zum nächsten späten Frühjahr. Da es im Frühsommer schon die ersten neuen Äpfel gab, hatten wir das ganze Jahr über eigenes Obst.

Es gab auch einen Mispelbaum. Ich habe keine Ahnung, was man mit diesen Früchten sonst noch macht, ich pflückte sie jedenfalls mit Vorliebe vom Baum und aß sie gleich. Wobei essen vielleicht nicht der richtige Ausdruck ist. Da die braune Schale recht dick ist und innen die Frucht weich, „lutschte" ich die Mispeln aus. Die Schale wurde einfach vor Ort ausgespuckt. Der Geschmack ist eigenartig, aber mir schmeckten sie. Ich fand diese Mispeln leider nie mehr, auch nicht auf diversen Bauernmärkten – vermutlich sind sie auch nicht lagerfähig.
Auch ein Quittenstrauch war am Grund zu finden. Die Quitten wurden meistens in kleinen Stücken zum Apfelkompott mit eingekocht. Der Geschmack war sehr aromatisch.

Um das Haus herum gab es jede Menge Ribisel, rote und weiße und mehrere Stachelbeersträucher, ebenfalls rote und weiße. Aus den Ribiseln machte meine Mutter meistens Ribiselgelee beziehungsweise Ribiselmarmelade. Zu diesem Zweck gab es einen Aufsatz für die Fleischmühle, der dazu diente, den Saft vom Fruchtfleisch und den Stängeln zu trennen. Wenn man die Ribisel durch die Mühle presste, rann der Saft durch ein kleines Sieb heraus, die Feststoffe wurden vorne hinausgepresst und waren völlig trocken. Der auf diese Art kalt gepresste Saft wurde dann mit Zucker, Geliermittel und Einkochhilfe gekocht und in Marmeladegläser gefüllt.

Auch aus den Stachelbeeren machte meine Mutter Marmelade. Ich konnte es meistens gar nicht erwarten, bis diese reif waren und suchte die Sträucher immer wieder nach einer vielleicht schon reifen Frucht ab. Mir schmeckte einfach alles, was so um uns herum an Obst und Beeren gedieh. Die Himbeeren waren da nicht ausgenommen. Auch aus diesen wurde Marmelade und Saft gemacht.

Verschiedene Zwetschkenbäume, Ringlotten (gelbe, runde, saftige und süße Pflaumenart), Kriecherln (kleiner als Ringlotten, auch gelb oder rötlich und rund), Mirabellen (rote saftige Pflaumenart, in der Größe von Pfirsichen) und Pflaumen (mehliger und meistens größer als Zwetschken) sowie Pfirsiche, meistens mit weißem Fleisch, und Marillen rundeten das Obstangebot ab. Die Pfirsich- und Marillenbäume standen im abgezäunten Gemüsegarten, da die Bäume sonst von den Rehen verbissen wurden. Pfirsiche, Mirabellen, Ringloten und Kriecherl wurden von uns nur als frische Früchte gegessen. Aus Zwetschken, Pflaumen und Marillen wurde Marmelade gemacht und eine größere Menge in Rexgläsern eingekocht. Während es die Früchte frisch gab, kamen mehrmals Zwetschken- oder Marillenknödel auf den Tisch. Diese waren entweder aus Erdäpfel- oder Topfenteig. In gerösteten Bröseln gewälzt, mit Staubzucker und zerlassener Butter serviert war auch dies ein Festessen.

Zu guter Letzt wurde aus den Früchten des ganzen Jahres ein Rumtopf gezaubert. Da kam schon einiges zusammen - aber für uns Kinder war der Rumtopf natürlich tabu.

Im Sommer, wenn die Früchte nach und nach reif wurden, wurde der Überschuss an Obst und Beeren, welche wir weder essen noch einkochen noch sonst irgendwie lagern konnten, verkauft.
Dazu wurde am Wochenende, wenn die Spaziergänger unterwegs waren, beim Hofeingang an der Straße das große Einfahrtstor aufgemacht und Oma stellte einen alten Tisch als Verkaufspult auf. Auf den Tisch wurde eine Waage gestellt. Diese Waage bestand aus zwei Schalen auf Armen und in der Mitte war ein fixer und ein beweglicher Zeiger. Auf eine Waagschale kamen die erforderlichen Gewichte, die in verschiedenen Größen bereit lagen, und auf die andere Schale legte man so viel Obst hinein, bis die Zeiger übereinander standen, dann war das gewünschte Gewicht erreicht. Unter dem Tisch hatte Oma Holzsteigen oder Körbe mit den zu verkaufenden Früchten stehen.
Oma setzte sich dann auf einen Sessel hinter dem Tisch und wartete, bis ein vorbeigehender Spaziergänger etwas abkaufte. Das verkaufte Obst wurde in Papiersäcken, die man von den Einkäufen her gesammelt hatte, verstaut. Als Schild, was um welchen Preis zu verkaufen war, wurde ein Zettel am Holzzaun mit Reißnägeln angebracht.
Dieser Zettel blieb so lange am Holzzaun hängen, bis das Obst alle war. Gab es neues Obst, wurde der Zettel erneuert. Diese Zettel schrieb Oma sorgfältig mit Bleistift, denn sie hatte die schönste Schrift in der Familie. Obwohl sie eigentlich Kurrentschrift als Kind erlernt hatte, schrieb sie mit wunderschön geschwungenen Anfangsbuchstaben in Lateinschrift, also unserer jetzigen Schreibschrift. Jeder

Buchstabe war wie gemalt. Briefe oder Billets schrieb sie mit Tinte und einer Redisfeder.

> die besten Wünsche
> zu Deinem
> Geburtstag!

Omas Schrift im Alter von etwa 85 Jahren

Mein Vater schrieb zwar grundsätzlich leserlich und in Lateinschrift, aber seine Schrift blieb zeitlebens in der Form der Buchstaben eckig und links hängend, ähnlich der Kurrentschrift, die er als Kind zuerst in der Schule gelernt hatte.

Unter der Woche wurde das Obst direkt im Keller verkauft. Dazu kamen Leute aus der Umgebung einfach in unseren Hof und verlangten nach meiner Oma oder meiner Mutter. Um das Obst im Keller abwiegen zu können, vor allem wenn es sich um größere Mengen in Körben oder Steigen handelte, gab es eine Dezimalwaage, die auf einem der Tische im Keller stand. Diese Waage hatte ein größeres Plateau, auf welches man die Körbe stellen konnte, davor war eine Waagschale, auf die man die Gewichte stellte. Wenn man ein Einkilo-Gewicht auf die Waagschale stellte, dann wog das Obst zehn Kilogramm - also zehnmal so viel - daher der Name Dezimalwaage.

Meistens kamen irgendwelche Leute aus der Umgebung Obst kaufen, die selbst kein Obst hatten und wussten, dass es bei uns welches gab. Auch Bestellungen im Vorhinein wurden aufgenommen und meine Mutter, mein Vater und meine Oma mussten dann das Obst oder die Beeren in der gewünschten Menge pflücken. Dazu wurde ein Zeitpunkt ausgemacht, wann das Obst abgeholt werden konnte. Manchmal stellte mein Vater das Obst auch zu.

Der Erlös aus diesem Obstverkauf wurde wie das Obst selbst zwischen meiner Oma und uns geteilt.

Nicht zu vergessen der riesige Nussbaum vor dem Haus. Wenn die Nüsse reif waren und herunter fielen, ging meine Oma immer wieder in den Hof und klaubte die Nüsse in ihre Schürze, die sie zusammengefaltet hoch hielt. Dass auch die letzten Nüsse vom Baum herunter fielen, kletterten meistens wir Kinder auf den Baum und schüttelten die Äste, so stark wir konnten. Die Erwachsenen schlugen mit langen Stangen auf die Äste, das hatte den gleichen Effekt. Im Winter, wenn am Grund nichts zu tun war, wurden die Nüsse dann aufgeknackt und ausgeklaubt. Das ergab dann vor Weihnachten eine herrliche Nusspotitze.

Meine Oma sortierte die Nüsse in solche, welche zum Backen verwendet wurden und in solche, welche die Vögel im Winter bekamen - also „die Guten ins Töpfchen und die Schlechten ins Kröpfchen" ...

Es wurde natürlich ein Vogelhaus, das immer irgend wo hängte, damit befüllt. Das Besondere aber war, dass Oma im Sack ihrer Schürze, eine solche hatte sie einfach immer an, Nussstückchen mit sich herum trug. Wenn sie dann in den Hof ging, hielt sie in der offenen Hand einige dieser Nussstückchen und es gab immer ein paar freche Meisen oder Spatzen, die diese Leckereien direkt von Omas Hand abholten, auch im Sommer. Ich beobachtete das immer ganz fasziniert, zu mir kamen sie nie, ich war wohl zu unruhig.

SÜSSMOST

In der großen Haupthütte befand sich eine riesige Mostpresse. Der hölzerne Pressbottich hatte einen Durchmesser von über einem Meter, entsprechend groß war der Aufbau der Presse, die Pressspindel reichte bis unter das Dach der Hütte.

Im Herbst, wenn die Äpfel und Birnen reif waren, wurde alles nicht lagerfähige Obst, welches zum Teil angeschlagen war sowie die als Obst ungenießbaren sogenannten Mostbirnen zu Most verarbeitet.
Dazu wurden aus dem Keller unter dem Haus die hölzernen Bottiche und Fässer heraufgeholt und mit Ketten und Sand gewaschen. Das war eine zwar mühsame aber effiziente Methode und garantiert ohne Chemie.

Die gesamte Familie klaubte von den Bäumen heruntergefallenes oder herunter gebeuteltes Obst in Steigen und Körbe, auch wir Kinder waren davon nicht ausgenommen. Das waren Unmengen an Äpfel und Birnen, die alle von einem recht steilen Grund nach oben in den Hof zur Presse befördert werden mussten. Den Hauptanteil des Tragens bewerkstelligten natürlich die Männer. Frauen und wir Kinder waren vor allem mit dem Befüllen der Steigen und Körbe beschäftigt.

Vor der Hütte angekommen musste das Obst in Bottichen gewaschen werden, bevor es in der Mühle zu Maische gemahlen wurde. Das Wasser zum Waschen der Äpfel musste vom Brunnen mit Kannen geholt werden. Diese Vorbereitungen nahmen meistens einige Tage in Anspruch.

Die Obstmühle stand auf einer hölzernen Empore. Man musste also mit dem Pressobst ein paar Holzstufen hochsteigen. Angetrieben wurde die Mühle von Hand mit einer großen Kurbel, welche man mit beiden Händen anfasste und drehte. Wir Kinder durften nie daran drehen, denn wenn dieses Rad in Schwung war, konnte es schon mal „zurück schlagen" wenn man es ausließ. Da wir ja kleiner waren, war das gefährlich nahe an unseren Köpfen.
Das gemahlene Obst rutschte dann von der Mühle über eine Holzrutsche in den Pressbottich. Wenn das Obst auf dieser Rutsche stecken blieb, musste man mit einem Holzschieber nachhelfen. Dieser Holzschieber schaute ähnlich aus wie ein Rechen, hatte aber anstatt der einzelnen Zinken ein Holzbrett.
War der Pressbottich endlich voll, wurde die Maische (gemahlenes Obst) mit zwei halbrunden Holzplatten abgedeckt, darüber Holzstaffel aufgetürmt und die Spindel herunter gedreht. Dann konnte mit dem weiteren Herunterdrehen der Spindel die Maische zusammen gedrückt werden. War die Spindel so weit herunten, dass es nicht mehr weiter ging, wurde sie wieder hochgedreht, dann weitere Holzstaffel aufgetürmt, um den nun größeren Zwischenraum zu überbrücken und der ganze Prozess wiederholt. Wenn die Maische schon ziemlich trocken war und der Schwengel, mit dem die Spindel angetrieben wurde, schon zu schwer zu bedienen war, wurde eine Übersetzung dazwischen eingefügt, dann ging es

wieder leichter und es konnte auch der letzte Saft noch ausgepresst werden. Die trockene ausgepresste Maische wurde einfach auf einen Komposthaufen geworfen.

Bis endlich der Süßmost aus der Presse rann verging der ganze Tag. Zur Belohnung gab es frisch gepressten Apfelsaft für alle. Dieser Süßmost wurde dann in die gereinigten Fässer gefüllt und einige Wochen später gab es nach dem Gärprozess nur noch Most mit erheblichem Alkoholgehalt, welchen wir Kinder nicht mehr trinken durften.
Leider hat meine Mutter nie Apfelsaft gemacht.

ACKER

Im unteren Bereich des Grundstückes waren größere ebene Flächen, welche als Acker bebaut wurden. Auf einem Acker wurden Erdäpfel (Kartoffel) und auf dem anderen Kukuruz (Mais) angebaut. Diese Äcker wechselten sich in der Fruchtfolge jährlich ab.

Gepflügt wurden die Äcker von unserem Nachbarn mit einer Pflugschar, welche von einem Ochsen gezogen wurde. Der Pflug musste mit zwei Griffen geführt und niedergedrückt werden. Nach dem Pflügen wurde der Acker geeggt. Eine Egge war ein schwerer viereckiger Eisenrahmen mit Querverbindungen, darunter waren Eisenspitzen, die die Erde durch das Gewicht der Egge gleichsam rechten. Auch die Egge wurde von einem Ochsen gezogen. Wenn der Boden so vorbereitet war, wurden von meinen Eltern und meiner Oma in Reihe mit einer Haue (Hacke) die Erdäpfel eingegraben. Für den Kukuruz wurden mit der Haue Längsfurchen gezogen und dann die Kukuruzkörner händisch eingesät.

Wenn die oberirdischen Erdäpfeltriebe eine bestimmte Größe erreicht hatten, mussten sie angehäufelt werden, sodass sich im Wurzelbereich die neuen Erdäpfel großflächiger ausbilden konnten. In so manchem Frühjahr mussten wir alle Kartoffelkäfer klauben, die sich am Erdäpfelkraut zu schaffen machten.
Chemie war zu teuer – Gott sei Dank.

Die Erdäpfelernte war ähnlich mühsam wie das Eingraben der Erdäpfel - jetzt mussten die jungen Erdäpfel ausgegraben werden. Hier war wieder die ganze Familie gefordert. Nicht nur, dass die Erde aufgehackt werden musste, die Erdäpfel mussten auch in Körbe geklaubt und mit diesen den Berg hinauf in den Keller des Hauses getragen werden. Uns Kindern fiel dabei die Aufgabe des Einklaubens zu - natürlich schafften wir nicht alles allein - die tatkräftige Hilfe der Erwachsenen war unbedingt erforderlich.

Um Vögel – vor allem Krähen - vom Kukuruz-Acker fern zu halten, wurden Vogelscheuchen aufgestellt. Das waren im Wesentlichen Holzkreuze mit einem alten Hut und irgendwelchen Kleidern oder Fetzen herum, die im Wind wehten. Ob das wirklich half, weiß ich nicht. Ich bezweifle das jedenfalls, denn Krähen, wie alle Rabenvögel, sind sehr intelligent und ich glaube, die haben recht schnell heraus gefunden, dass diese aufgestellten Dinger keine echte Gefahr bedeuteten.

Wenn vom Kukuruz die Kolben reif waren, mussten diese händisch gepflückt werden und wurden ebenfalls in Körben zum Haus hinauf getragen. Die Kukuruzkolben wurden dann abgeschält, die Federn - das Woazstroh (Blätter um den Kukuruz-[Mais-]kolben herum) - am Ende hochgezogen zusammengebunden und damit die Kolben unter dem Vordach auf Drahtseilen zum Trocknen aufgehängt. Bei Bedarf wurden zum Füttern der Hühner trockene Kukuruzkolben von den Drahtseilen herunter genommen und die Kerne von den Kolben abgeraspelt. Dazu drückte man die Körner mit dem Daumen von den Kolben weg, sodass diese herunter fielen. Das geschah in Zweierreihen. Die Erwachsenen rieben oft zwei Kolben aneinander, das ging etwas schneller und war effizienter.

# HEU

Da um das Haus herum immerhin etwa ein Hektar (zehntausend Quadratmeter) Wiese war, musste das Gras zwei- bis dreimal im Jahr abgemäht werden. Wir hatten zwar keine Tiere, denen wir es verfüttern konnten – außer ein paar Hasen – aber wir konnten das Heu viele Jahre lang an umliegende Bauern verkaufen, die für ihr Vieh manchmal zu wenig Futter hatten. Ja – verkaufen! Das klingt heute fast unmöglich, wer kauft schon Heu! Damals war es eine wirksame Aufbesserung des Haushaltsbudgets. Also musste „Heu gearbeitet" werden.

Die Aufgabe des Mähens oblag meinem Vater und das mit der Sense. An eine Mähmaschine war in der damaligen Zeit überhaupt nicht zu denken. Ich glaube, es gab damals für den Kleinstbauern gar keine geeigneten Geräte. Meistens taten sich mehrere Nachbarn zusammen und mähten gemeinsam eine Wiese ab und dann alle gemeinsam die nächste Wiese. So war man sicher, dass man schönes Wetter optimal ausnützen konnte und allein war man auch nicht. Mit dem Mähen wurde um vier oder fünf Uhr früh begonnen, da war das Gras noch taufeucht und dadurch „schnittig". Manchmal haben wir Kinder für unsere Grasnester einen großen Fleck Gras zusammen getreten. Das gab jedes Mal ein „Himmel-Donner-Wetter", denn dieser nieder getretene Fleck konnte nur schwer abgemäht werden.
Da das Mähen meistens mehrere Stunden dauerte, brachte meine Mutter den Mähern am Vormittag eine

Jause, meistens Brot, eigene Würste, Käse und selbst eingelegte Essiggurkerl sowie einen Krug mit Most auf die Wiese. Der Most wurde von allen gemeinsam aus diesem einen Krug getrunken.

Gemäht wurde in nebeneinander liegenden Streifen, wobei der hintere Mäher jeweils in gebührendem Abstand zum Vordermann mähte, um ihn nicht zu verletzen. Wenn die Sense nicht mehr ausreichend scharf war und schlecht schnitt, wurde sie nach dem Abputzen mit einem Büschel Gras mit dem Wetzstein geschliffen. Diesen Wetzstein hatte jeder Mäher am Hosenbund in einem Köcher mit Wasser darin hängen. Das passierte mehrmals während des Mähens. Wenn auch das nicht mehr half, musste man die Sense dengeln. Dafür gab es einen Holzsitz, auf den man sich rittlings wie auf ein Pferd setzte - also den Sitz zwischen den Beinen - und hatte vor sich auf einer Verlängerung des Sitzes ein Eisenteil - der Dengelstock. Auf dieses Eisen wurde die Sense gelegt, mit der linken Hand gehalten und geführt und mit der rechten wurde die Sense mit einem Dengelhammer bearbeitet. So trieb man das Blech der Sense verlaufend von innen nach außen zur Schneidekante, dabei wurde diese dünner und wieder scharf. Der Klang, der mit dem Dengeln der Sensen entstand, gehörte zu den Sommermonaten wie die Sonne.

Als Endprodukt dieser Mäharbeit blieben die Mahden (durch das Mähen zusammengeschobene längliche Grashäufen) übrig. Diese mussten zum Trocknen auseinander geworfen werden, sodass das Gras gleichmäßig auf der Wiese verteilt war und somit die Wärme der

Sonne voll genützt werden konnte. Mein Vater beteiligte sich an dieser „Weiberarbeit" nicht, das blieb meiner Mutter überlassen und später, als ich schon größer war, auch mir. Zum Auseinanderwerfen der Mahden und zum Wenden des Heus hatten wir Holzgabeln. Wenn die Kraft der Sonne nicht ausreichend war oder Regen kam, musste das halb getrocknete Heu rasch zusammen gerecht werden und wurde dann zu kleinen Häufen aufgetürmt. Wenn sich ein Gewitter zusammenbraute, halfen manchmal auch meine Oma und mein Onkel, da musste es dann rasch gehen. Auf diese Art und Weise wurde das Heu nicht wieder komplett nass, da das Wasser an der Oberfläche der Häufen abrann. Allerdings mussten diese Häufen am nächsten Tag, wenn es wieder schön war, auseinander geworfen werden, um das Heu weiter aufzutrocknen. War das Heu endlich trocken genug, musste es wieder zusammen gerecht werden, wobei die Hauptarbeit hierbei wieder meine Mutter zu erledigen hatte. Es konnte bei schlechtem Wetter schon passieren, dass diese Arbeitsvorgänge öfters vorgenommen werden mussten. In späteren Jahren, vor allem wenn der Sommer sehr verregnet war und auch um sich die Arbeit zu erleichtern, wurde das Heu zum Trocknen auf dreibeinigen Heuhiefeln gehängt. Dort blieb es bei jedem Wetter so lange oben, bis es endgültig getrocknet war.

Nach dem Trocknen des Heus kam wieder mein Vater ins Spiel. Er musste das Heu mit einem Heubogen von der Wiese zum Haus hinauf tragen, da die Lagerung des Heus auf dem Heuboden unter dem Hausdach erfolgte.

Der Heubogen bestand aus zwei zu einem Halbrund gebogenen stärkeren Ästen, von welchen die Enden mit Seilen zusammen gehalten wurden. Dazwischen war ein aus Seilen geflochtenes großmaschiges Netz. Die beiden Bögen, die ebenfalls mit Seilen miteinander verbunden waren, wurden am Boden aufgelegt und dann wurde dort Heu aufgeschichtet. War genug Heu drauf, wurden die beiden Bögen zusammen geklappt und zusammen gebunden. Das war dann ein riesiges Bündel Heu, welches mein Vater auf den Rücken hiefte und den Berg hinauf transportierte. Mein Vater musste das in gebückter Haltung erledigen und verschwand völlig unter dem Bündel, es waren nur die Beine von ihm zu sehen – ein wandelnder Heuhaufen. Für uns Kinder sah das lustig aus – für meinen Vater war es wahrscheinlich nicht so lustig. Oben beim Haus angekommen wurde der Heubogen entleert.

Wenn endlich das ganze Heu von der Wiese geborgen war, war damit die Arbeit aber noch nicht zu Ende. Jetzt musste das Heu auf den Heuboden verbracht werden - und der war unter dem Dach in drei Metern Höhe. Vor dem Heuboden befand sich ein betoniertes Plateau über einem Hausvorsprung - unserer Speis. Mein Vater warf von unten das Heu mit einer Heugabel, welche einen besonders langen Stiel hatte, auf dieses Plateau, auf dem meine Mutter stand. Sie musste dann mit einer Gabel das hinauf geworfene Heu annehmen und in den Heuboden befördern. Manchmal durften wir auch auf den Heuboden und wir verkrochen uns oft im hintersten Eck. Es

staubte meistens fürchterlich, aber uns machte das nichts aus – Allergie hatten wir jedenfalls keine. Der Hauptgrund aber, dass wir auf den Heuboden durften, war, dass wir das lose aufgeschlichtete Heu festtreten mussten. Wir Kinder waren mit Begeisterung dabei, wir empfanden das nicht als Arbeit, sondern es war eine Art Spiel für uns. So wurde das Heu etwas dichter gelagert und man konnte im Heuboden mehr unterbringen.
Wenn noch genügend Heu unten war, sprangen wir manchmal von dem Plateau hinunter in den Heuhaufen, wo wir weich landeten. Das war so eine Art Mutprobe - war doch immerhin drei Meter hoch.

Wenn es viel Heu gab oder auf Grund des schönen Wetters drei Mal im Jahr gemäht werden konnte, war nicht genug Platz auf dem Heuboden. Dann wurde ein riesiger Heuhiefel (Heuhaufen) auf der Wiese gebaut. Der bestand aus einem Bretterunterbau, welcher auf Ziegeln etwas erhöht stand, und hatte in der Mitte einen großen etwa vier oder fünf Meter hohen Holzstamm. Um diesen herum wurde das Heu aufgeschichtet. Wurde der Heuhaufen zu hoch, warf mein Vater mit der Heugabel das Heu hinauf und meine Mutter musste oben am Haufen das Heu festtreten. Dort ließ man uns Kinder nicht hinauf, das war zu gefährlich, wir könnten ja herunter fallen. Wenn der Heuhiefel fertig war, musste meine Mutter mit einer Leiter herunter steigen. Zuoberst warf mein Vater dann noch eine Plane über den riesigen Heuhiefel. Um diese Plane zu beschweren, wurden an Seilen Steine oder Ziegel gebunden und die Seile dann am Holzstamm, der oben aus dem Heuhiefel mittig herausstand, festgebunden. Die Steine hingen dann an den Seilen seitlich herunter und hielten die Plane fest.

Später baute mein Vater auf der Wiese eine offene Heuscheune. Die bestand nur aus einem wieder erhöhtem Bretterboden, vier Stehern und einem Bretterdach mit Teerpappe belegt. Als Seitenwände waren ein paar Bretter sperrig dran genagelt. So war das Heueinbringen einfacher, dieser Art brauchte man das Heu nicht weit zu transportieren und konnte es an Ort und Stelle gleich in die Heuscheune hineinwerfen, wo es vor Regen geschützt war.

Wenn das Heu verkauft war, wurde es vom Käufer in den ersten Jahren meiner Kindheit mit einem Ochsenfuhrwerk, später mit Traktor und Anhänger abgeholt. Mein Vater und meine Mutter halfen bei den Bergearbeiten zwar etwas mit, aber die meiste Arbeit wurde vom Käufer selbst erledigt - und Geld gab's obendrein!

HAUSBRUNNEN

Etwa fünfzig Meter vom Haus entfernt, neben dem Gemüsegarten, befand sich unser Hausbrunnen, welcher mit einem Brunnenschwengel von Hand zu bedienen war. Vor dem Wasserauslassrohr war ein hölzernes Brunnenbank'l, sodass man die Gießkanne oder einen Kübel darunter stellen konnte, danach floss das Überwasser in einen mit Holzbrettern abgedeckten Sickerschacht (ausgehobene Erdgrube mit Kies darin). Der Brunnenschacht selbst war etwa fünfzehn Meter tief und mit roten Tonziegeln aufgemauert, er war ständig ungefähr halb voll und wir hatten immer ausreichend Wasser. Auch die Wasserqualität war herrlich - kalt und frisch, das Wasser „schmeckte" gut.

Zum Wasser trinken gingen wir meistens, natürlich nur im Sommer, zum Brunnen, „läuteten" einmal an und hielten unsere Hände als Schaufel geformt unter den Auslass. Da das Wasser nach dem Pumpen noch eine Weile nach rann, funktionierte das einwandfrei.

Wenn Waschtag oder Baden angesagt war, mussten einige Kannen voll Wasser vom Brunnen ins Haus getragen werden. Das tägliche Kochwasser musste ebenfalls immer bereit stehen.

QUELLE

Am östlichen Fuße des Hanges trat eine Quelle zu Tage, welche durch einen kleinen Tümpel floss und letztlich im Graben des Nachbargrundstückes verschwand. Durch diese Quelle war ein Teil des Grundstückes sumpfig und gelbe Sumpfdotterblumen gediehen dort bestens. Im Umfeld nahe dem Wald gab es unter den Obstbäumen Teppiche von Buschwindröschen. Ich fand diese weißen zarten Blümchen bis heute noch auf keinem anderen Fleck jemals wieder und so sind sie ausschließlich ein Teil meiner Kindheitserinnerungen. Auf einer Seite des Tümpels wuchsen Weiden, auf den anderen Seiten war eine Art Holzzaun, etwas brüchig zwar und nicht wirklich massiv, aber es reichte als Schutz, sodass wir Kinder nicht aus Sorglosigkeit gleich hineinfielen. Zwischen den grünen Wasserlinsen, die das Wasser des Tümpels fast komplett bedeckten, lugte manchmal vorwitzig ein Frosch hervor. In lauen Sommernächten gehörte das Quaken der Frösche zum vertrauten Naturgeräusch – es störte uns jedenfalls nicht – ganz im Gegenteil.

Viele Jahre später wurde diese Quelle in einem Brunnenbecken gefasst, eine Pumpenleitung zum Haus verlegt und über einen Windkessel das Wasser ins Haus eingeleitet. Erst ab da gab es - das war schon 1968 und ich bereits zwanzig Jahre alt - fließendes Wasser und Abwasser, das vorerst in eine im Hof neu gebaute Sickergrube floss. Das Überwasser der Sickergrube floss durch ein Betonrohr auf einer Hangseite der Wiese heraus – entsprechend mat-

schig wurde dort die Wiese im Laufe der Zeit.
Im Zuge dieser Maßnahme gab es dann leider keinen Tümpel mehr, nur das Überwasser des Brunnenbeckens floss in einem kleinen Rinnsal zu Tal.

WÄSCHE WASCHEN

Wäsche waschen war keine leichte Aufgabe, eine Waschmaschine gab es in unserem Haushalt in diesen Jahren meiner Kindheit noch nicht. Wasser musste vom Brunnen geholt und am Tischherd in der Küche in einem großen Topf erwärmt werden. Kochwäsche wurde in diesem Topf einige Zeit lang mit Seifenflocken vor dem Waschen „gekocht". Dann kam die Arbeit auf der Waschrumpel mit Schichtseife und Bürste.

Weiße Wäsche – also Kochwäsche - wurde zum Trocknen direkt auf die Wiese gelegt, sodass sie von der Sonne gebleicht wurde. Das geschah vor allem mit den Stoffwindeln meines Bruders, vermutlich auch mit meinen, aber daran kann ich mich natürlich nicht erinnern. Um besonders weiße Wäsche zu erhalten, gab man in das letzte Schwemmwasser „Wäscheblau" (chemisches Mittel in Pulver- oder Tablettenform, das durch die leichte Blaufärbung die Wäsche optisch weißer erscheinen lies). Die übrige Wäsche wurde auf Wäscheleinen gehängt, welche zwischen Bäumen gespannt waren. Wenn die Spannweite zu groß war, sodass die Wäscheleine zu stark durchhing, wurde sie etwa in der Mitte mit einem Holzstipfel (Holzstange) hochgehoben.

Ich glaube, ich war schon etwa zehn Jahre alt, als endlich eine elektrische Bottich-Waschmaschine angeschafft worden ist. Diese Bottich-Waschmaschine bestand tatsächlich im Wesentlichen aus einem Bottich, an dessen Boden ein

Wellenrad das Wasser und somit die Wäsche bewegte. Als Zweitgerät gab es dazu eine elektrische Schleuder, welche sich vertikal, also stehend, drehte.

Für meine Mutter war das sicher eine große Arbeitserleichterung, zumal sie, als wir schon größer waren, arbeiten ging und nicht mehr den ganzen Tag daheim war. Das hieß aber nicht, dass nicht trotzdem das Wasser vom Brunnen geholt werden musste, denn eine Wasserleitung gab es noch immer nicht. Auch hatte die Waschmaschine kein automatisches Waschprogramm, man konnte lediglich die Heizung zum Erwärmen des Wassers sowie den Waschvorgang ein und ausschalten. Zuerst wurde das Wasser nur wenig erwärmt und die „feine" Wäsche gewaschen. Wenn diese Wäsche nach Meinung meiner Mutter ausreichend lange gewaschen war, wurde sie in die neben stehende Schleuder gegeben und ausgeschleudert. Das Wasser aus der Schleuder wurde wieder zurück in den Waschmaschinenbottich gepumpt. Dann wurde die geschleuderte Wäsche vorerst zur Seite gelegt. Als nächstes kam die Kochwäsche, wohl gemerkt, im gleichen Waschwasser - Wasser holen war eben mühsam. Dazu wurde das Wasser im Bottich entsprechend erwärmt und der Waschvorgang wieder nach Gutdünken meiner Mutter eine Zeit lang laufen gelassen. Dann kam wieder die Prozedur mit der Schleuder. Am Ende wurde die am stärksten verschmutzte Wäsche gewaschen, wie zum Beispiel Arbeitskleidung vom Vater, Kleiderschürzen und sonstige Kleidung, die nur daheim angezogen wurde. Nachdem endlich alle Wäsche gewaschen und geschleudert war, begann der Schwemmvorgang. Auch wieder zuerst die feine Wäsche und so fort. Schwemmdurchgänge gab es zwei oder drei, bis das Wasser sauber blieb. War ein Wasch- oder Schwemmdurchgang beendet, wurde das Wasser in die damals schon vorhandene Betonbadewanne gepumpt, die hatte einen Auslass nach außen und das Wasser rann den Hügel hinunter. So musste man das Wasser wenigstens nicht hinaus tragen - war natürlich auch schon eine Erleichterung. Das Trocknen der Wäsche erfolgte durch das Schleudern jetzt in einer kürzeren Zeit, als man die Wäsche nur mit der Hand ausgewrungen hatte. Das war vor allem im Winter vorteilhaft, wenn man die Wäsche an im Zimmer gespannten Wäscheleinen trocknen musste. An schönen sonnigen Tagen hängte man sie trotzdem oft draußen auf und holte sie am Abend steif gefroren wieder herein. Irgendwie war die Wäsche dann trotzdem „trockener" und brauchte im Zimmer nicht mehr so lange zu hängen.

Das Bügeln der Wäsche darf man sich nicht so vorstellen, wie es heute geschieht. Es gab anfangs kein elektrisches Bügeleisen! In meiner ganz frühen Kindheit wurden die Bügeleisen mit glühender Kohle gefüttert. Später gab es solche, die einen Metallstichel zum Erwärmen auf dem Ofen oder auf dem Tischherd hatten, welcher in das Bügeleisen eingeschoben wurde. Von diesen Sticheln gab es zwei, sodass man immer einen erwärmt bereit hatte, wenn der Stichel im Bügeleisen wieder kalt geworden war.

Zum Zeitpunkt, als wir bereits stolze Besitzer einer Bottichwaschmaschine waren, gab es natürlich schon einige Jahre lang ein elektrisches Bügeleisen, aber dieses war gegenüber den heute erhältlichen noch sehr schwer und unhandlich und hatte natürlich keine Dampffunktion. Wenn die Wäsche zu trocken war, wurde sie vorher „eingesprüht". Allerdings nicht mit einer Sprühflasche, sondern mit einer Flasche, in deren Stöpsel man Löcher gebohrt hatte. Später gab es dafür Plastikfläschchen mit einem Sprühkopf mit Löchern, ähnlich wie eine Gießkannenbrause.

KOCHEN UND HEIZEN

Der Tischherd war nicht nur zum Kochen da, sondern war im Winter in der Wohnküche, in welcher wir uns praktisch immer aufhielten, auch die Hauptwärmequelle.

Auf der Herdplatte über der Feuerstelle waren mehrere Ringe. Diese Ringe konnte man nach Erfordernis bzw. Durchmesser der Kochtöpfe heraus nehmen und den Topf dann praktisch tiefer in das Feuer hängen. Der Topf war dann natürlich schwarz vom Ruß, jedoch war der Kochvorgang um einiges schneller, da der Inhalt rascher heiß wurde. Seitlich neben der Feuerstelle war das Backrohr. Diese Position hatte den Nachteil, dass das Backgut auf einer Seite rascher gar war oder sogar verbrannte, wenn man nicht aufpasste. Kuchen backen mit dem Tischherd war also eine eigene Wissenschaft, worin meine Mutter und meine Oma jedoch Meisterinnen waren. Unter der Feuerstelle gab es noch eine Aschenlade die man heraus ziehen und so die Asche bequem entleeren konnte. In der untersten tiefen Lade, die die ganze Breite des Tischherdes einnahm, wurde (An-)Heizmaterial, also Holz und Zeitungspapier, aufbewahrt. Auf der gegenüberliegenden Seite des Backrohres, also auf der anderen Seite der Feuerstelle, war das sogenannte Wasserschaff (im Herd integrierter Wasserbottich) mit Deckel darauf. Darin befand sich immer heißes Wasser, das man vor allem zum Geschirr abwaschen benötigte. Auf einer Stange um den Herd herum wurden Geschirrtücher zum Trocknen aufgehängt und dort hängte auch ein Schöpfer zum Entnehmen des Wassers aus dem Wasserschaff.

Seitlich neben dem Tischherd stand immer eine weiß emaillierte Gießkanne mit einem kurzen Ausgussschnabel und einem Deckel darauf, sodass das Wasser zum Kochen nicht verschmutzte. Mit dieser Kanne mussten wir wie immer vom Brunnen hinter dem Haus Wasser holen. Diese Kanne verfolgte uns noch viele Jahre, da auch zum Zeitpunkt, als schon der E-Herd bei uns eingezogen war, wir noch immer keinen Wasseranschluss im Haus hatten.

Im Schlafzimmer gab es einen „modernen" Meller-Kamin und im Kinderzimmer hatten wir ein gusseisernes nicht isoliertes Kanonenöferl. Wenn frisch eingeheizt wurde, glühte dieser Ofen und wir mussten aufpassen, ja nicht an den Ofen anzustoßen. Im Allgemeinen wurde mit Holz und Braunkohle geheizt. Entsprechend oft musste nachgeheizt und Asche ausgeräumt werden. Nur der Meller-Kamin wurde als Dauerbrandofen mit Koks beheizt, der hielt dann auch die ganze Nacht die Glut und man konnte in der Früh gleich wieder nachheizen. Extra Anheizen entfiel bei diesem Kamin zumindest einige Tage hintereinander, bis man die Asche ausputzen musste.

Hinter dem Haus befand sich eine kleine Holzhütte, in welche das Holz und das Reisig, das am Grund anfiel, von meinen Eltern zu Heizzwecken eingelagert wurden.

Reisig, also die feinen Äste, wurden mit einer Hacke auf einem Hackstock in kleine Stücke gehackt und zum Anheizen der Öfen verwendet. Größere Äste wurden ebenfalls gehackt und Stämme von Bäumen wurden mit einer Zug- oder Bauchsäge geschnitten. Eine Zugsäge ist ein zirka ein bis eineinhalb Meter langes und zirka zehn Zentimeter hohes geschwungenes Sägeblatt, welches am Ende jeweils einen Holzgriff hat. Die Stämme wurden auf einen Holzbock gelegt und von meiner Mutter und meinem Vater zu zweit gesägt. Jeder hielt die Säge an einem Ende und durch das Hin- und Herziehen der Säge wurde der Holzstamm in der Mitte auseinandergesägt.

Die Zähne der Säge waren so angeordnet, dass sie in beiden Ziehrichtungen sägten. Wenn die Säge stumpf war, wurden die Sägezähne einzeln von meinem Vater mit einer Feile nachgeschärft. Die größeren herunter geschnittenen Rundlinge, welche nicht in die Öfen passten, wurden dann noch mit einem Keil und Hammer oder mit einer großen Hacke gespalten, bis die einzelnen Scheite eine ofengerechte Größe erlangt hatten.

Auch Kohle und Koks wurde in den Hütten gelagert. Das Einräumen war eine Schwerarbeit, da der Frächter die Kohle im Hof einfach ausleerte – und wir brauchten viel Kohle für die einzelnen Öfen im Haus. Die musste dann in eine Schiebetruhe geschaufelt und in der Hütte auf einen Haufen geschüttet werden.

Für uns musste diese schwere Arbeit meistens meine Mutter erledigen, vor allem wenn Regen angesagt war, da mein Vater erst nachmittags von der Arbeit heim kam.

BADEN UND WASCHEN

Einmal pro Woche wurde gebadet. Dazu wurde in die Küche eine verzinkte blecherne Badewanne auf eine Decke, die zum Aufsaugen des Wassers aufgebreitet wurde, gestellt. Diese Wanne war rund und hatte eine erhöhte Rückenwand. In einem Badewasser mussten sich mehrere Personen baden, vor allem im Winter, wenn das Wasserholen vom Brunnen eher beschwerlich war. Ich kann mich daran erinnern, dass ich immer nach meinem Bruder baden musste. Ich hatte also immer bereits schmutziges Badewasser. Das trug ich meinem Bruder lange nach, obwohl er selbst nichts dafür konnte. Wie meine Eltern mit dem Badewasser umgingen, entzieht sich meiner Kenntnis.

Wir Kinder hatten mit verschränkten Beinen in der Wanne komplett Platz, die Erwachsenen ließen ihre Beine heraushängen. Es war zwar kompliziert, aber unsere Eltern achteten immer auf Sauberkeit. Natürlich musste das Wasser nach dem Baden in Eimern wieder hinausgetragen und weg geschüttet werden. Das erfolgte an einem Hang hinter dem Haus. Solche Dinge wie Schaumbad oder Duschbad gab es natürlich nicht. Unsere Waschutensilien bestanden aus Seife und Waschfleck. Bei dieser Badezeremonie wurden uns Kindern auch immer gleich die Haare gewaschen. Das Shampoo brannte fürchterlich in den Augen und es gab jedes Mal ein Gezeter. Die Haare wurden trocken gerubbelt – einen Fön gab es, wie so viele heute standardmäßig gebräuchliche Elektrogeräte, ebenfalls nicht. Im Winter besorgte das weitere Trocknen der Haare die Ofenwärme - im Sommer die Sonne.

Unter der Woche wuschen wir uns in einer emaillierten Blechschüssel. Die Schüssel stand auf einem Holzstockerl mitten in der Küche, davor ein Handtuch, um einerseits Wasserspritzer aufzusaugen und andererseits mit den nackten Füßen darauf stehen zu können. Zuerst wurden die Arme und der Oberkörper gewaschen, dann die Beine und der Unterkörper. Zuletzt wurden die Zähne geputzt. Dazu gab es einen Becher mit warmem Wasser, Zahnbürste und Zahnpasta. Das Wasser vom Mundspülen spuckten wir dann in die Schüssel mit dem schmutzigen Wasser.
Das Waschen am Abend war schon deshalb notwendig, da wir im Sommer immer barfuß draußen waren. Entsprechend schmutzig waren unsere Füße – und nicht nur unsere Füße.
Wäsche waschen war an sich ja schon aufwändig, aber die Bettwäsche zu waschen war ein Großauftrag. Es wundert also nicht, dass unsere Mutter immer dahinter war, dass wir gewaschen zu Bett gingen.

Einige Jahre später baute mein Vater im Bereich des Anbaus hinter der Küche so etwas wie ein Badezimmer ein. Die Speis wurde verkleinert und befand sich gleich nach der Türe, durch die man von der Küche aus kam. Von der Speis ins Badezimmer hinein gab es nur ein schmales etwa siebzig Zentimeter breites Türloch mit einem Vorhang davor. Fliesendes Wasser gab es zu diesem Zeitpunkt, wie schon an anderer Stelle erwähnt, noch immer nicht.

Die Badewanne jedenfalls war ein besonderes Bauwerk - sie wurde von meinem Vater einfach im hintersten Bereich des Badezimmers zwischen zwei Mauern hinein betoniert. Die Größe war so, dass wir Kinder gerade mit ausgestreckten Beinen bequem darin sitzen konnten. Die Erwachsenen mussten die Beine bereits anwinkeln. Die Innenoberfläche des Betons war fein verrieben und glatt. Letztlich wurde die Wanne noch blau lackiert. Es gab sogar einen Wannenauslass mit einem Rohr hinaus ins Freie. Dieses Rohr mündete am Beginn eines Abhanges und das Wasser rann dort einfach den Hang hinunter. Der Stöpsel war aus Kork oder Holz, ich kann mich nicht mehr genau daran erinnern. Jedenfalls wurde das benötigte Badewasser in der ebenfalls im Badezimmer stehenden Bottichwaschmaschine erwärmt. Der Wasserinhalt in dem Bottich dürfte vermutlich etwa zwanzig oder dreißig Liter gewesen sein. Dieses heiße Wasser wurde dann mit der Pumpe der Waschmaschine in die Badewanne gepumpt und noch so viel kaltes Wasser mit der Kanne dazu geschüttet, bis es eine erträgliche Badetemperatur abgab - natürlich nur gefühlt, Thermometer gab es keines. Das Wasser stand dann in der Badewanne etwa zehn Zentimeter hoch. Gebadet wurden wir Kinder in der bekannten üblichen Reihenfolge - zuerst mein Bruder und dann ich. Man kann sich vorstellen, dass das Wasser in dieser betonierten Wanne extrem rasch abkühlte, also musste man nach einer gewissen Zeit neu erwärmtes Wasser nachfüllen. Was man jedoch dabei trotzdem nicht verhindern konnte, war eine absolut kalte und unangenehme Sitzfläche. Man konnte den Popo nicht oft genug heben, um ihn mit warmem Wasser zu umspülen – der Betonboden der Wanne war sofort wieder kalt. Gegenüber dem umständlichen Baden in der Blechwanne in der Küche war es trotz allem ein Fortschritt in der Badetechnologie - und - ganz sicher - einzigartig! Ich kann mir beim besten Willen nicht vorstellen, dass sonst noch jemand eine derartige Idee gehabt haben könnte!

Im Sommer gab es außerdem noch den Badespaß der besonderen Art. Da wurde die blecherne Badewanne vor dem Gemüsegarten auf der Wiese in die Sonne gestellt, wobei das vom Brunnen geholte und in die Wanne geschüttete Wasser im Laufe des Vormittags von der Sonne erwärmt wurde. Nachmittags durften wir Kinder dann darin nacheinander baden, zuerst natürlich wieder – wie konnte es anders sein - mein Bruder. Damit das Baden etwas kurzweiliger war, gab es Plastikenten, -fische und Schiffe, womit wir im Wasser spielen konnten.

PLUMPSKLO

In einem extra abgetrennten Teil zur linken Seite des Einganges der großen Hütte war unser „Örtchen". Das war ein Plumpsklo mit einer kleinen nur im Erdreich ausgehobenen Sammelgrube darunter. Original, so wie man es sich vorstellen kann, jedoch ohne Herzchen in der Türe.

Die darunter befindliche Odlgrube (Fäkaliensammelgrube) wurde von unserem Nachbarn unter viel Geruchsentwicklung öfters entleert, da sie kein großes Fassungsvermögen hatte. Den Inhalt der Grube beförderte er mit einer hölzernen Schiebetruhe zu sich auf den Acker, nicht ohne den ganzen Weg entlang immer wieder etwas auszuschwappern (Überlaufen von Flüssigkeit durch Bewegung des Gefäßes). Eine entsprechend lange Duftspur beglückte unsere Nasen noch etliche Tage danach, bis endgültig alles aufgetrocknet war und der Geruch erträglich wurde. In unserem Hof wurden solche aufgetrockneten Überreste der Odlgrube natürlich letztlich aufgekehrt.

Als Klopapier gab es von meinem Vater sorgfältig in gleich große Teile zerschnittene Zeitungen, etwa in der Größe einer Postkarte. Dass diese Blätter zur Verwendung etwas weicher wurden, formte man daraus zuerst Papierknödel und entfaltete sie dann wieder ...

Später wurde an unser Vorhaus ein Zubau angemauert - daraus entstand die Luxusausführung von zwei nebeneinander durch eine Wand getrennte Toiletten. Das

Klosett für unsere Familie war direkt vom angebauten Vorhaus aus begehbar - wir mussten also nicht mehr ins Freie, wobei das Klosett für meine Oma und meinen Onkel von außen über den Hof begehbar war. Für meine Oma und meinen Onkel hatte sich hier leider nicht viel verändert, sie mussten nach wie vor bei jedem Wetter und auch bei Nacht über den Hof zum Klo gehen - falls sie nicht die unter den Betten stehende „Nachtvase" (Nachttopf) benutzten und diese erst am nächsten Morgen im Klo entleerten.

Alles in allem war unsere neueste Klosettausführung natürlich nach wie vor ein Plumpsklo, das aus einer Art Bretterkiste in bequemer Sitzhöhe mit Loch und angepasstem Deckel bestand. Links und rechts neben dem Loch war Platz zur Ablage der geschnittenen Zeitungen.
Der Vorteil war, dass wir als Familie jetzt unser eigenes Klo hatten und dieses aus Geruchsgründen auch peinlichst sauber hielten. Natürlich konnte nicht verhindert werden, dass beim Öffnen des Deckels ein entsprechendes Aroma entwich. Aus diesem Grund befand sich knapp unter der Raumdecke ein kleines offenes Fensterloch, zirka dreißig mal zwanzig Zentimeter groß, sodass ständig für Belüftung gesorgt war, man aber nicht herein schauen konnte.

Wenn der Inhalt der Grube zu weit nach oben zum Sitzbrett kam, wurde wieder wie üblich der Nachbar zum Entleeren der Grube geholt. Die diesmal betonierte Grube hatte außerhalb der Toiletten im Hofbereich einen Betondeckel, den man zum Entleeren der Grube öffnen konnte.

EINKAUFEN

Alles in allem waren die doch eher kleinen Räume voll mit Möbeln und irgendwie konnte alles an Kleidern, Geschirr und sonstigen Utensilien problemlos verstaut werden. Man war im Allgemeinen zufrieden mit dem, was man hatte, es gab keine durch Werbung animierten Bedürfnisse und man hatte jede Menge zu tun.

Die Geschäfte hatten nur wenige Angebote und wenn man überhaupt einkaufen ging, beschränkte sich der Einkauf fast nur auf Lebensmittel. Kleider wurden meistens nur zwei Mal im Jahr gekauft – einmal vor dem Sommer und einmal vor dem Winter. Für uns Kinder vor allem deshalb, weil wir aus den Sachen herauswuchsen. Für den Geldbeutel meiner Eltern leider viel zu rasch.

Den Großteil der Lebensmittel kauften wir in einem kleinen Geschäft in etwa zwanzig Minuten Gehweg Entfernung. Dieses Geschäft war ein richtiger Greislerladen, man bekam nicht nur Lebensmittel, sondern so ziemlich alles, was man sonst noch im Haushalt gebrauchen konnte. Das Spektrum der Waren war fast so ein bisschen ähnlich, wie in den heutigen Großmärkten, aber natürlich weitaus nicht so vielfältig und alles auf kleinstem Raum. Selbstbedienung war unbekannt und nicht üblich – man wurde meistens von einer Verkäuferin bedient.
Im Geschäft befand sich also, wie früher üblich, ein Verkaufspult, vor dem man so lange wartete, bis man als Nächster bedient wurde. Hinter dem Pult an der Wand

gab's Stellagen, Fächer und Truhen, in welchen die Waren verstaut waren. Ein Teil des Verkaufspultes war eine verglaste Vitrine, darin befanden sich die Frischlebensmittel wie Wurst, Käse, Topfen, Butter und so weiter. Hinter dem Verkaufsraum befand sich noch ein Lagerraum, wo alles aufbewahrt wurde, was im Verkaufsraum nicht Platz hatte, beziehungsweise größere Mengen, wie zum Beispiel Erdäpfel, Mehlsäcke, Milchkannen oder Futtermittel für Tiere.

Milch musste man, wenn man sie nicht direkt vom Bauern holte, auch dort mit der Milchkanne abholen, seinerzeit gab es zumindest in diesem Laden noch keine Milchflaschen - Tetra-Pack war noch völlig unbekannt. Auch Mehl oder Zucker gab es nicht abgepackt, sondern wurde direkt beim Kauf in Papiersäcke abgefüllt, je nach Bedarf der Menge in größere oder kleinere.

Im Schulalter durften wir Kinder bereits kleinere Einkäufe selbst erledigen. Geld bekamen wir keines mit - es wurde „angeschrieben". Dafür gab es ein kleines Heftchen in Postkartengröße, in welches die Verkäuferin den Preis zu den von der Mutter angeführten Lebensmitteln eintrug. Gleichzeitig führte die Verkäuferin eine Kartei mit Endbetrag. Am Monatsende oder -anfang, wenn die Lohnzahlung erfolgt war, bezahlte dann meistens mein Vater im Geschäft die angelaufenen Kosten – so war nie mehr als eine Monatsrechnung offen.

Neben der Geschäftsinhaberin war die einzige Verkäuferin die Mutter unserer Nachbarkinder und wir genossen daher eine Sonderbehandlung. Außerdem waren alle Familien im näheren Umkreis miteinander bekannt. Wir Kinder waren daher, auch wenn wir unterwegs waren, wohlbehütet.

Für größere Fassungen wurde meistens ein Mal im Monat im Geschäft ein Zettel abgegeben. Dieser Großeinkauf wurde dann vom Geschäft im Laufe des Tages mit einem Lieferwagen zugestellt und beinhaltete vor allem solche Lebensmittel, die man nicht täglich frisch kaufen musste, wie Mehl, Zucker, Salz, Nudeln, Reis und so weiter.

Milch kauften wir lange bei einem nahen Bauernhof. Sobald ich groß genug war, musste ich mit einer Milchkanne von dort täglich Milch holen gehen. Das war an sich nicht weiter schlimm. Schlimm waren die Gänse, die auf diesem Bauernhof frei herumliefen. Ich hatte höllische Angst vor diesen Gänsen und drückte mich immer vorsichtig um die Ecke des Hauses, um nicht den Gänsen in den Weg zu laufen. Wenn sie es auf einen abgesehen hatten, konnten sie ganz schön in die Waden zwicken und das tat einfach weh. Dass ich mich dieser Gänseschar nicht freiwillig aussetzte, versteht sich von selbst.
Die Milch vom Bauernhof war natürlich roh und naturbelassen und wurde erst von meiner Mutter aus Haltbarkeitsgründen abgekocht. Einen Teil der Milch ließ meine Mutter oft stehen, sodass daraus Sauermilch wurde. Diese Sauermilch mit einem Stück Schwarzbrot war köstlich.

Meine Oma kochte manchmal eine Sauermilchsuppe mit Kümmel d'rin, wozu man auch Brot aß. Das mochte vor allem mein Onkel, mir schmeckte sie nicht so gut.

KLEIDUNG

Kinderbekleidung gab es kaum zu kaufen oder war sehr teuer, sodass meine Eltern nur das Notwendigste kauften, vor allem so lange wir noch nicht zur Schule gingen. So nähte und strickte meine Mutter im Kleinkindalter fast die ganze Kleidung für mich und meinen Bruder. Der Rest wurde teilweise von anderen Kindern nachgetragen. Bei unseren Nachbarn gab es vier Kinder. Die älteste Tochter, sie wurde von der Familie und auch von uns immer nur Puppi genannt, war ein dreiviertel Jahr älter als ich, sodass hier einiges an Kleidern abfiel. Später gingen diese Kleider wieder zurück, da das nächste Mädchen in der Nachbarfamilie zwei Jahre nach mir geboren wurde. Bei den Buben wurde das gleiche Prinzip verfolgt. Ein heute üblicher Second-Hand-Laden erübrigte sich.

An zwei Kleider kann ich mich ganz besonders erinnern. Das eine war ein langärmeliges weinrotes Samtkleid mit Stickereien darauf und mit einem weißen Spitzenkragen. Mit diesem Kleid wurde ich fotografiert im Hof unseres Hauses, natürlich mit unvermeidlicher Masche auf dem Kopf und einer Schale mit Kukuruz in Händen, womit ich das Hühnervolk füttere. Ich denke, ich war da etwa drei Jahre alt.

Ich mit weinrotem Samtkleid und Masche auf den Haaren beim Hühner füttern vor dem Elternhaus im Hof etwa 1951 oder 1952.

Das andere war ein weißes Trägerkleid mit aufgestickten Blümchen. Auf einem Foto sieht man mich damit bei einem Spaziergang auf dem Schlossberg, wieder mit Masche, die durfte einfach nie fehlen (siehe Titelbild).
Beide Kleider hatte mir meine Taufpatin genäht – so wurde mir später erzählt.

Winterbekleidung, wie wir sie heute kennen, gab es nicht. Als Mantelersatz hatten wir Kinder meistens einen Wetterfleck (Umhang) aus Loden in rot oder grün. Der war praktisch, da man ihn relativ groß kaufen konnte und dann mehrere Jahre passte. Auch war er für Buben und Mädchen nicht unterschiedlich geschnitten oder genäht –

er passte allen und war unverwüstlich.

Es gab auch keine Boots oder so, sondern nur gefütterte Lederwinterschuhe, welche nach einer gewissen Zeit leider die Nässe durchließen. Hosen waren aus normalem stärkerem Stoff. Später gab es zum Schlitten- oder Schifahren Schihosen aus dehnbarem Kunststoffgewebe. Diese Hosen wurden nach unten hin enger und endeten mit einem Gummi, der unter die Fußsohle kam und so die Hose spannte. Die Hose steckte dann praktisch in den Schuhen und man blieb einiger Maßen trocken. Socken und Handschuhe waren meistens aus Schafwolle, von der Mutter selbst gestrickt, ebenso die Mützen und Schals, Jacken aus gefüttertem Wollstoff. Pullover waren ebenfalls meist selbst gestrickte Modelle aus Schafwolle. Auf nackter Haut getragen kratzten sie fürchterlich.

Strumpfhosen gab es zu dieser Zeit auch noch nicht für uns Mädchen. Wir hatten Strumpfgürtel und Strümpfe, welche naturgemäß an den Oberschenkeln die Haut frei ließen. Diese Strümpfe waren aus gewirktem Zwirn, für den Alltag meistens in braun, für besondere Anlässe in weiß. Dafür gab es wärmere längere Unterhosen, die fast bis zu den Knien reichten. Für Buben gab es damals schon lange Unterhosen. Ich habe meinen Bruder immer sehr darum beneidet, weil sie angenehmer zum Tragen waren – ich hätte solche auch gerne gehabt - gab es aber nicht.

Die ersten Hauspatschen (Hausschuhe oder -schlüpfer) für mich waren aus Woazfedern (getrocknete Blätter der Maiskolben). Diese herzustellen war eine Aufgabe meiner Mutter, die darin recht geschickt war. Die Woazfedern wurden zu einem langen dicken Band geflochten, welches für die Sohle in Form eines Ovals zusammengenäht wurde. Der ebenso aus dem geflochtenen Band zusammengenähte Oberteil wurde dann an die Sohle angenäht. Im Sommer brauchten wir dieses Schuhwerk nicht, da wir daheim ohnedies immer barfuß unterwegs waren, aber im Winter war es in der Wohnung eine durchaus brauchbare und warme Lösung.

Als Regenbekleidung gab es Regenpelerinen, also Umhänge. Als wasserdichte Schuhe vor allem für die kältere Jahreszeit gab es - nein - keine Regenstiefel - sondern Gummischuhe, die man über die normalen Schuhe darüber gezogen hat. Sie waren etwa knöchelhoch und vorne mit Druckknöpfen zu schließen. Grundsätzlich waren sie zwar natürlich spritzwasserdicht und schützten so die Lederschuhe, aber das Anziehen war eine Prozedur. Bis diese Dinger endlich über die Schuhe gezogen waren, das dauerte und war für uns Kinder allein überhaupt nicht zu schaffen. Das Ausziehen dieser Gummischuhe war ebenso mühsam - das war ein Gezerre und Geziehe, bis sie sich von den Schuhen lösten. Warum es keine Gummistiefel gab, die man direkt anziehen konnte, wo man doch offensichtlich diese Gummischuhe in der Industrie herstellen konnte, ist mir bis heute ein Rätsel.

Alles in allem mussten wir unsere Kleider so lange wie möglich tragen. Da wurden Säume herausgelassen, Knöpfe versetzt, Träger verlängert, Pulloverärmel durch Anstricken verlängert und so fort. Das war nicht alles so, wie ich es gerne gehabt hätte und für so manchen zu kurzen Rock oder zu engem Kleid schämte ich mich in der

Schule fürchterlich.
Sogar Schuhe, die ausschließlich aus Leder waren, wurden vorne an der Kappe aufgeschnitten, sodass die Zehen heraus schauten. Diese Schuhe mussten wir dann daheim auftragen. Neue Schuhe wurden nur für „schön" oder später für die Schule gekauft.

Socken, Strümpfe und Fäustlinge wurden von meiner Mutter immer gestopft, so lange es möglich und sinnvoll war, auch Löcher in Pullovern oder Westen. So wurde die Tragedauer der Kleidungsstücke um ein Wesentliches verlängert. Außerdem wurde nichts weggeworfen, wenn es noch irgendeiner Verwendung zugeführt werden konnte - und wenn es letztendlich nur mehr ein Lappen zum Putzen oder Geschirr abwaschen war. Zum Geschirr abwaschen verwendete man neben diesen Stofflappen noch Drahtwaschl'n zum Reinigen der Töpfe. Wettex oder ähnliches Material gab es nicht, zumindest nicht in unserem Haushalt.

Ein Erlebnis in Sachen Bekleidung wird mir immer in Erinnerung bleiben.
Eines Tages besuchten wir im Rahmen eines Schulausfluges die freiwillige Feuerwehr am Lendplatz. Dazu durften alle Kinder vom Schlauchturm aus durch die Notfallrutsche - das war ein überdimensionaler Gewebeschlauch - nach unten rutschen - aber nicht ich! Meine Lehrerin erlaubte es mir nicht mit der Begründung, weil ich weiße Strümpfe anhatte und sie wusste, dass meine Mutter fürchterlich geschimpft hätte, wenn diese Strümpfe schmutzig

geworden wären. In diesem Feuerwehrschlauch wären die Strümpfe aber unweigerlich schmutzig geworden oder im schlimmsten Fall sogar kaputt. Was ist meiner Mutter nur eingefallen, mir gerade an diesem Tag weiße Strümpfe anzuziehen? Ich sollte wohl wegen des Ausfluges wieder „besonders schön" angezogen werden. Ich wäre nur zu gerne durch diesen Schlauch gerutscht!

STROM

Wenn ich mich zurück erinnere, wurde Strom am Anfang meiner Kindheit lediglich für Licht und für ein Radio benutzt. Alles andere an Elektrogeräten gab es in unserem Haushalt nicht - heute fast unvorstellbar!

Eines der ersten Elektrogeräte war ein Bügeleisen, es folgte ein Stand-E-Herd in weiß mit Deckel, welcher nach dem Kochen und dem Reinigen der Kochplatten zugemacht werden konnte. Neben dem E-Herd stellte man einen sogenannten Zusatzherd im gleichen Design, um die Wärmequelle im Winter zu sichern, die durch den Wegfall des Tischherdes ja nicht mehr gegeben war.

Um diesen E-Herd an den Strom anschließen zu können, musste eine eigene Leitung verlegt und ein Fehlerstromschutzschalter, ein sogenannter „FI", über dem E-Herd montiert werden. Gleichzeitig mit dieser baulichen Maßnahme wurde die Rückwand im dortigen Bereich von meinem Vater mit Isotex-Platten verkleidet. Diese dünnen Weichfaserplatten hatten als Muster weiße Vierecke, sodass es ausschaute, als ob die Wand verfliest wäre. Die Oberfläche der Platte war abwischbar. Das war gegenüber dem verputzten Mauerwerk in der Küche ein großer Vorteil. Für die Montage der Platten gipste mein Vater in die Wand konische Holzklötzchen in gewissen Abständen ein. An diese konnte er dann mit Holzschrauben die Platten anschrauben.
Dübel oder gar eine elektrische Bohrmaschine gab es

natürlich nicht. Was waren Dübel überhaupt? Uns war nicht einmal der Begriff bekannt!
Man konnte lediglich mit einer Handbohrratsche und einem Holzbohrer Löcher in Holz bohren - das war die technische Lösung, die für meinen Vater machbar war.
Das Herausstemmen der Löcher in der Wand erfolgte mit Meissel und einem größeren Hammer – diese Werkzeuge gehörten neben verschiedenen Schraubenziehern, Kombizangen und Beißzangen immerhin auch zur Standardausstattung in unserem Haushalt – aber eben keinerlei elektrische Maschinen oder Geräte.

Bald darauf wurde unsere Kücheneinrichtung um einen Kühlschrank bereichert und zum Wäsche waschen wurde die schon erwähnte Bottich-Waschmaschine mit extra Schleuder angeschafft.
An einen Mixer oder einen Haarföhn kann ich mich erst sehr spät erinnern, der Bedarf an solchen Geräten war nicht vorrangig oder wichtig genug, um sie anzuschaffen.

Das für uns Kinder jedenfalls wichtigste Gerät, ein Schwarz-Weiß-Fernseher, wurde investiert, als ich etwa zehn Jahre alt war, also etwa um 1958. Der Ort, an dem der Fernseher aufgestellte wurde, war zwischen zwei Fenstern im Schlafzimmer meiner Eltern, gegenüber der Bettbank am Fußende des Ehebettes. Somit war dieses Zimmer einrichtungsmäßig maximal ausgenützt, mehr an Mobiliar hätte nicht mehr Platz gehabt. Natürlich durfte die venezianische Gondel als Fernsehlicht auf dem Fernseher nicht fehlen.

Sonntag nachmittags gab es Kinderfernsehen. Obligat waren die Sendungen „Fury" – ein Pferd, „Lassy" – ein Hund und „Flipper" – ein Delphin. Das waren Serien mit diesen Tieren als Hauptdarsteller. Da ich ein „Tiernarr" war, gefielen mir diese Sendungen außerordentlich gut. Für die Kleinsten gab es natürlich den „Kasperl" - immer wieder neue Geschichten. Ich war mit meinen zehn Jahren zwar dem „Kasperlalter" bereits entwachsen, aber da die kleineren Kinder diese Sendungen anschauten, saß auch ich vor der „Glotze" – letzterer Begriff war aber damals noch nicht gebräuchlich.
Meine Eltern sahen abends immer die Nachrichten an und einen Film, der gesendet wurde. Aber viel länger als bis neun Uhr abends wurde kein Programm angeschaut, mein Vater musste ja um fünf Uhr früh wieder aufstehen. Wir Kinder durften abends jedenfalls nie fernsehen. Es gab auch kein Programm, das uns interessiert hätte.

Ja - und irgendwann kam auch ein neues Radio mit Plattenspieler ins Haus. Das Gehäuse des Radios war aus Holz und relativ groß und oben drauf war ein aufklappbarer Holzdeckel, unter welchem sich der Plattenspieler befand. Der im Radio befindliche Lautsprecher diente auch dem Plattenspieler als Lautausgabe. Ab jetzt wurden von meiner Mutter Schallplatten gekauft, meistens Singles, manchmal auch Langspielplatten. Diese Platten hatten unterschiedliche erforderliche Umlaufgeschwindigkeiten, die musste man am Plattenspieler umschalten. Für mich angehenden Teenager war das Spaß pur. Meine Mutter, die ja nur sechzehn Jahre älter war als ich, kaufte immer die neuesten Schlager, sodass ich ohne es zu wollen in den Genuss kam, diese Schlager anhören zu können wann immer ich wollte. Vor allem Peter Kraus und Conny Frobess waren meine Lieblinge – na ja.

Meine Mutter tanzte sehr gerne und da mein Vater ein absoluter Nichttänzer war, brachte meine Mutter mir das Tanzen bei. Vor allem eine schnelle Polka war einer unserer Lieblingstänze und natürlich Rock and Roll. Die Wohnküche bot Platz genug oder es wurden schon mal die Sessel auf den Tisch gestellt. Die Freude am Tanzen wurde mir sicher damals eingeimpft. Manchmal kam auch die Mutter der Nachbarkinder zu uns und dann tanzten die beiden Frauen miteinander in der Küche.

TELEFON – POST – WERBUNG

Telefon - was ist das? - hätte ich damals gefragt!
Erst als Schulkind erfuhr ich, dass es dort oder da Telefonhäuschen in der Stadt an verschiedenen Plätzen und auch in der Post gab. Mit einer Ein-Schilling-Münze konnte man eine gewisse Zeit mit Leuten telefonieren, die bereits im Besitz eines Privattelefons waren. Aber wenn überhaupt, telefonierte man eher mit einem Amt oder so. Bekannte und Verwandte besuchte man einfach ab und zu. Hierfür gab es gesellschaftlich übliche Besuchszeiten, meistens am Wochenende ab etwa sechzehn Uhr. Zu diesem Zeitpunkt musste man damit rechnen, dass man Besuch erhielt. Vorsichtshalber wurde deshalb meistens ein Kuchen gebacken. Das konnte schon mal auch ein Besuch sein, den man länger nicht gesehen hatte. Verwandte besuchte man ohnehin regelmäßig oder man wurde besucht. Briefe schreiben war auch noch eine Option, wenn Jemand zu entfernt wohnte und man Kontakt halten wollte. Auch konnte man auf diese Art und Weise einen Besuch ankündigen. So wurden persönliche Kontakte regelmäßig gepflegt und die Post hatte auch zu tun.
Der Briefträger war meistens gut bekannt und marschierte normaler Weise zu Fuß von Haus zu Haus. Wenn es im Sommer sehr heiß war, wurde er auch hin und wieder zu einem erfrischenden Getränk eingeladen – meistens war das Most, den hatten wir ja in Fässern ausreichend vorrätig. Ob das in anderen Familien auch so gehalten wurde, weiß ich nicht. Vermutlich aber doch – der Postbote

gehörte quasi zu den guten Bekannten. Der Weg ging ständig bergauf und war beschwerlich, die Postler-Uniform samt Kappe sorgte zusätzlich für Erhitzung, so wurde ein eventueller Alkoholspiegel locker wieder ausgeschwitzt. Die Briefe und Pakete mussten ja auch noch getragen werden, dafür gab es eine große lederne Umhängetasche - das reichte für eine Tour. Werbematerial wie Flugblätter, Prospekte und sonstiger Ramsch wurde in diesen Zeiten nicht verteilt - schon gar nicht „an einen Haushalt".
Werbung gab es in Form von Plakaten auf Litfasssäulen oder Plakatwänden. Ich kann mich nicht einmal an erdrückende Werbung in Zeitungen, im Radio oder später im Fernsehen erinnern. Das kam alles erst mit erhöhtem Warenangebot und viel später, natürlich auch auf Grund steigender Kaufkraft im Laufe der Jahre.

Ein Telefon ließen wir erst so Ende der Sechzigerjahre ins Haus einleiten - und das war zuerst nur ein Vierteltelefon. Der Bedarf an Telefonanschlüssen war so groß, dass die Post mit dem Leitungsbau nicht nachkam – so waren diese Viertelanschlüsse eine brauchbare Übergangslösung. Das heißt, es waren auf einer Leitung vier Teilnehmer angeschlossen und nur einer konnte jeweils telefonieren. Wir wussten sogar, wer die anderen angeschlossenen „Vierteln" hatte. Es konnte also öfters passieren, dass man nicht hinaus wählen konnte. Aber da das Telefonierverhalten eher sparsam war, es kostete damals im Verhältnis zum Haushaltsbudget ja auch nicht wenig, war die Leitung nie lange besetzt. Auch hatte man die notwendige Geduld, um auf eine freie Leitung zu warten - man probierte es

einfach öfters. Um die freie Leitung für sich zu „holen", musste man nach dem Abheben des Hörers einen Knopf drücken – erst dann ertönte das Freizeichen und man konnte die Nummer wählen.
Die Telefonapparate waren ausschließlich schwarz, hatten eine richtige Gabel, wo man den Hörer aufzulegen hatte und natürlich eine Wählscheibe. Diese Apparate sah man noch lange in diversen Ämtern. Im Laufe der Zeit gab es dann auch braune oder graue Telefone in etwas modernerer Form, aber viele Jahre lang immer nur noch mit Wählscheibe.

Mobiltelefone kannte man noch nicht einmal theoretisch. Unser erstes D-Netz-Handy, ein überdimensional großes Ding, kauften wir 1998!

Aber wie gesagt, Telefon hatten wir in meiner beschriebenen Kindheitszeit keines, da war ich bereits erwachsen. Während meiner Kindheit gab es ausschließlich das Telefonhäuschen in der Stadt oder im Postamt und das nahmen nur die Erwachsenen manchmal in Anspruch. Entsprechend groß war die Hemmschwelle ein Telefongespräch zu führen, auch für unsere Eltern.

Wir Kinder gingen am Schulweg auch ohne Telefon „nicht verloren". Da der Schulweg in der Volksschulzeit zu Fuß etwa eine dreiviertel Stunde lang war, wussten die Eltern, wann wir heimkommen müssten oder wann sie uns in der Früh wegschicken mussten, sodass wir rechtzeitig in der Schule ankommen würden. Wenn wir zu lange brauchten, weil wir unterwegs trödelten und die Eltern sich Sorgen machten, gab es eine Strafpredigt und eine Zeit lang war man wieder pünktlich.

Der Verkehr war nicht so groß und von uns Kindern ohne weiteres überschaubar. Die wenigen Autofahrer fuhren langsam und passten besser auf und das, obwohl es weit und breit keinen Zebrastreifen gab und nur an gewissen Hauptkreuzungen in der Mitte der Kreuzung auf Drahtseilen hängende Verkehrsampeln. Wahrscheinlich waren die Autofahrer gerade deshalb vorsichtiger. Auf meinem Schulweg gab es keine Ampel, jedoch eine Hauptausfallsstraße Richtung Norden, die ich zu überqueren hatte. Aber wie schon gesagt, da es nur wenige Autos gab, war ausreichend Zeit, um nach vorsichtigem nach rechts und links Schauen über die Straße zu gehen. Das wurde mit uns Kindern zu Schulanfang geübt und war eine Regel, die wir unbedingt einzuhalten hatten. Ich war auch nie alleine unterwegs, wir waren immer mehrere Kinder entlang des Schulweges. Auch das bot Sicherheit.

Alles in allem war man einfach daran gewöhnt, ohne Telefon auszukommen - es funktionierte das Leben wunderbar ganz ohne!

TRAMWAY UND O-BUS

Erst kürzlich habe ich mich wieder an die alte Straßenbahn erinnert, da ich mit einem alten Wagen des Tramway-Museums fuhr, welcher zufällig vom Hauptplatz aus in meine gewünschte Richtung fuhr. Die Bezeichnung „Tramway", die seinerzeit gebräuchlich war, dürfte wohl eine der ersten Anglizismen gewesen sein.
Diese ganz alte Ausführung der Straßenbahn bestand nur aus einem Triebwagen und wurde zuletzt als 2-er-Linie geführt. Diese 2-er-Linie hatte keine Endstation, sondern war eine Ringlinie. Vom Hauptbahnhof über die Annenstraße zum Hauptplatz, weiter zum Jakominiplatz, dann zum Kaiser-Josef-Platz, über den Glacis zum Geidorfplatz, weiter entlang der Wickenburggasse, über die Keplerbrücke und dann entlang der Keplerstraße wieder zum Hauptbahnhof. Ein 2-er fuhr in dieser angegebenen Richtung, ein anderer in umgekehrter Richtung, sodass man seine gewünschte Station so rasch als möglich erreichen konnte.

Diese Triebwagen hatten an beiden Enden ein Fahrerpult. Wenn der Wagen in die andere Richtung fahren musste, nahm der Wagenführer die Kurbeln für den Elektromotor und die Bremse von der einen Seite ab und steckte sie auf der anderen Wagenseite wieder an.

Neben dem Fahrer gab es den Schaffner, welcher nicht nur die Aufgabe hatte, die Fahrkarten auszugeben und zu kassieren, sondern sich auch bei jeder Station davon vergewissern musste, ob alle Fahrgäste eingestiegen waren – erst dann gab er mittels eines Ledergurtes, welcher an der Decke des Wagens entlang geführt wurde und an dem er zog, mechanisch das Signal für den Fahrer zum Weiterfahren. Außerdem musste er für die Sicherheit der Fahrgäste sorgen, da es beim Einstieg keine Türen gab, erst nach dem Vorplatz zum Fahrgastraum. Im Fahrgastraum befanden sich zwei hölzerne Sitzbänke entlang beider Längsseiten des Waggons, in der Mitte waren Stehplätze. Um während des Fahrens nicht umzufallen, hingen von der Decke herab Lederschlaufen, an welchen man sich festhalten konnte – für uns Kinder jedoch unerreichbar hoch.

Die nächste Generation der Straßenbahn bestand aus geschlossenen Triebwägen mit einem Anhänger. Man konnte allerdings nicht von einem Wagen zum anderen gehen. Auch in dieser „modernen" Straßenbahn war in jedem Wagen ein Schaffner, welcher hier auch noch die pneumatischen Türen öffnen und schließen musste und nach dem Schließen der Türen wiederum das Signal an den Fahrer zum Weiterfahren gab, dieses Mal mit einem elektrischen Klingelknopf.

Fahrkarten gab es „kleine" und „große". Die kleine Karte war nur gültig für bis zu fünf Stationen, mit der großen konnte man beliebig viele Stationen fahren, allerdings ohne zeitliche Unterbrechung und nur in eine Fahrtrichtung. Auch Kinderfahrscheine gab es jeweils zum halben Preis. Ich weiß nicht mehr genau, was eine Fahrkarte kostete, aber es dürfte sich so zwischen ein und zwei Schilling bewegt haben.

Um Fahrscheine und Wechselgeld ausgeben zu können, hatte der Schaffner, welcher mit einer entsprechenden Uniform samt Kappe ausgestattet war, eine Umhängetasche bei sich, weil er ja ständig im Waggon unterwegs war. Vorne auf der Tasche war ein metallener Kasten angebracht mit Röhren für die Schilling- und Groschenmünzen. In diese Röhren warf der Schaffner die erhaltenen Münzen oben hinein und unten konnte er mittels eines Hebels jeweils eine der gewünschten Wechselgeldmünzen herausdrücken. Das Papiergeld verwahrte er in der Tasche. Die Fahrscheinblocks hingen ebenfalls vorne an der Tasche. Zum Entwerten der gekauften Fahrscheine hatte der Schaffner eine Lochzange, später einen Stempel.

In meiner Kindheit gab es auch noch eine O-Bus-Linie. Das heißt, eine Buslinie mit elektrischer Oberleitung. Die Busse fuhren also mit einem wunderbaren umweltschonenden Elektromotor. Ich kann mich an eine solche Linie vom Jakominiplatz nach Strassgang erinnern. Leider wurde dieser O-Bus irgendwann ersetzt durch Dieselbusse.

BESEN BINDEN UND KÖRBE FLECHTEN

Der Hof wurde durch die frei laufenden Hühner rasch verschmutzt und so musste dieser öfters gekehrt werden, wenn man nicht ständig in den Hühnerkot steigen wollte. Den Besen dafür band mein Vater aus Reisig (feine Äste von Bäumen). Dazu wurde ein Bündel Reisig, meistens Birkenreisig, das war fein und weich, um einen Holzstiel angeordnet und mit Weidenruten festgebunden. Die Weidenruten wurden vorher in Wasser eingelegt, damit sie weicher wurden und nicht brachen. Später band mein Vater das Reisig mit Draht fest. Dieser Besen nützte sich recht bald ab, aber Zweige gab es genug und so wurde einfach wieder ein neuer gebunden. Der Stiel blieb ja ganz und konnte immer wieder verwendet werden.

Auch Körbe flocht mein Vater. Als Rohmaterial dienten wieder in Wasser eingelegte Weidenruten, die mein Vater von einem großen Weidenstock neben unserem kleinen Tümpel auf der Wiese abschnitt. Körbe gab es in mehrfacher Ausführung. Große Körbe mit zwei seitlichen Henkeln, für den Transport von Obst, oder auch von Gras, welches im Sommer am Abend täglich für die Hasen abgemäht wurde. Dann gab es kleinere Körbe, ähnlich wie ein Einkaufskorb, mit einem Tragbügel in der Mitte. Diese Körbe wurden hauptsächlich für das Brocken von Obst verwendet. Man konnte sie an Drahthaken an die Leiter oder an Äste hängen und so das gepflückte Obst hineinlegen.

Wir hatten auch Krax'n. Das waren ebenfalls geflochtene Körbe mit einem Holzbrettboden, die etwas kleiner im Durchmesser waren, dafür aber höher. Um sie wie einen Rucksack umhängen zu können, wurden Gurte anmontiert – wie, weiß ich allerdings nicht mehr. Ich kann mich aber daran erinnern, dass mein Bruder, als er noch sehr klein war, manchmal einfach hineingesetzt und so transportiert wurde – natürlich nur daheim am Grund.
Später, als das Haushaltsbudget es zuließ, wurden zu ersetzende Körbe von einem Korbflechter gekauft, der hin und wieder im Laufe des Jahres vorbei kam.

TOPFFLICKER – SCHERENSCHLEIFER - BAUCHLADEN

Zu den frühesten Erinnerungen meiner Kindheit gehören der Topfflicker, der Scherenschleifer und ein Mann mit einem Bauchladen. Ich weiß nicht, wie oft sie vorbeikamen, aber sie waren für unseren Haushalt anfangs von großer Wichtigkeit.

Kochtöpfe waren aus emailliertem Blech, außen meistens braun und innen grau/blau. Auch die dazugehörigen Deckel waren braun. Durch die lange Verwendung kam es schon manchmal vor, dass ein Stückchen Email ausgeschlagen wurde und dort dann der Topf rostete und so undicht wurde. Dann kam der Topfflicker ins Spiel. Dieser reparierte vor Ort die Töpfe. Dazu wurde ein Stück Zinkblech, geformt ähnlich wie eine Beilagscheibe, außen und innen angeklopft, bis es die richtige Form hatte und satt am Topf anlag und dann zusammengenietet. Ob noch irgendeine Dichtung dazwischen war, weiß ich nicht, aber vermutlich war der Topf so ausreichend dicht, dass letztendlich durch Kalkablagerungen sicher nichts mehr durch rann.

Auch der Scherenschleifer kam in regelmäßigen Abständen zu uns. Dieser trug am Rücken einen runden Schleifstein auf einem Gestell mit. Damit setzte er sich in den Hof und schliff sämtliche Messer und Scheren der Familien wieder scharf.

Ja - und dann kam noch der Mann mit dem Bauchladen. Der hatte glaube ich so etwas wie einen Kriegsopferausweis. Jedenfalls trug er eine Beinprothese und humpelte mit einem Stock.

Der Bauchladen war ein Holztablett mit Rand, welches mit einem Ledergurt um den Nacken gehängt war. Auf diesem Holztablett befanden sich in verschiedenen Unterteilungen alle Güter, die dieser Mann zum Verkauf anbot. Das waren vor allem Schnürsenkel in braun und schwarz in verschiedenen Längen, Bindfäden, Reißzwecken, Zündhölzer und Kerzen. Nicht, dass man diese Dinge im Greislerladen nicht erhalten hätte, dem Mann mit dem Bauchladen wurde schon deshalb immer etwas abgekauft, da er einem leid tat. Das war nach dem Krieg als Kriegsversehrter seine einzige Einnahmequelle. Er kam viele Jahre, bis er eines Tages ausblieb, wahrscheinlich war er zu alt oder zu krank geworden.

ABFALL

Eine Müllabfuhr, wie sie heute üblich ist, gab es damals noch nicht - allerdings auch keinen Müll, der in dieser Menge, wie es heute der Fall ist, anfiel.

Biologischer Abfall, wie er beim Kochen entstand, wurde einfach am Grund in der Nähe des Gemüsegartens auf einen Haufen geworfen. Der Kompost, der so gewonnen wurde, wanderte dann immer wieder mal in den Gemüsegarten und wurde wie der von einem Bauern angelieferte Mist im Frühjahr in den Beeten mit unter gestochen.

Plastikverpackungen gab es überhaupt keine, sogar die Zahnpastatuben waren aus Dünnblech. Glasflaschen wurden entweder wieder verwendet oder ins Geschäft zurück gebracht. Im Geschäft wurde Wurst, Fleisch, Käse und Ähnliches in Papier eingepackt, für Obst und Gemüse gab es besten Falls Papiersäcke, beides konnte man verheizen oder man hob es auf, um eigenes zu verkaufendes Obst in Papiertüten abfüllen zu können.

Plastikeinkaufssäcke gab es ebenfalls nicht. Jeder, der einkaufen ging, hatte seine Einkaufstasche, seinen Einkaufskorb oder sein Einkaufsnetz mit. Ich habe in der Schule im Handarbeitsunterricht sogar einmal ein Einkaufsnetz gehäkelt - es bestand im Wesentlichen aus Luftmaschen und wurde lange Zeit verwendet.

Alles was dann noch übrig blieb und nicht brennbar war, wie leere Blechtuben und -dosen, Farbdosen, Shampooflaschen, zerschlagenes Glas oder Porzellan und Ähnliches wurde vorerst hinter der Hütte auf einem Haufen gelagert. Wenn dann am Grund ein Baum gefällt wurde und durch das Entfernen des Wurzelstockes ein großes Loch entstand, wurden diese Abfälle in diesem Loch vergraben. Auf die rohe Erde wurde Grassamen geworfen, der unter der Heuscheune zu finden war, und schon war alles wieder heil.

Größerer brennbarer Abfall, wie zum Beispiel alte Rosshaarmatratzen, kamen aufs Osterfeuer, kleine brennbare Abfälle wanderten durch den Ofen. Da dieser Abfall praktisch keinen Plastikanteil enthielt und auch sonst keine Giftstoffe, war das Vergraben und Verbrennen auch keine große Umweltsünde.

TRANSPORTMITTEL UND FAHRZEUGE

Mein Vater besaß einen hölzernen Plateauwagen. Das war ein Karren, der als Transportfläche über der Achse lediglich eine aus Holzbrettern zusammen genagelte ebene Fläche ohne Rand hatte. Seitlich daneben waren zwei riesige Räder aus Holz mit Holzspeichen. Die Lauffläche der Räder war mit einem Eisenband umreift. Seitlich waren zwei Holme, welche nach vor standen und mit einem Querholm verbunden waren. Mit diesem Querholm konnte man den Karren ziehen oder schieben.

Da wir kein Auto hatten, musste mein Vater mit diesem Karren fahren wenn er größere Bauteile oder Waren einkaufte. Manchmal, wenn er nicht zu weit fuhr, durften mein Bruder und ich mitfahren. Das heißt bergab, wenn der Karren noch leer war, durften wir uns drauf setzen. Für uns war das ein lustiges Erlebnis, für meinen Vater wahrscheinlich eher eine Plackerei, denn der Karren war leer schon ziemlich schwer und bergab sicher nicht leicht zu halten, vor allem mit uns Kindern drauf. Bremsen gab es nämlich keine an diesem Gefährt.
Nach dem Einkauf, wenn der Karren beladen war und es wieder bergauf ging, mussten wir dann leider unsere Füße selbst bewegen. Das war dann weniger lustig, aber es ging nicht anders.
Wenn kleinere Sachen abzuholen waren fuhr meine Mutter oft mit dem Leiterwagen. Da dieser nicht so groß war, kam meistens nur mein kleinerer Bruder in den Genuss, mit dem Leiterwagen fahren zu dürfen.

Neben einem Damenfahrrad, natürlich ohne Gang und mit Rücktrittbremse, mit dem ausschließlich meine Mutter fuhr, war später das einzige Fortbewegungsmittel in unserem Haushalt ein zweisitziges „Sissi-Moped", mit dem ebenfalls meine Mutter unterwegs war. Eine „Sissi" war ein Rollermoped mit Vorderschürze und durchgezogener Trittfläche und einer Sitzbank, auf welcher zwei Personen sitzen konnten – so ähnlich wie die heute auch schon wieder veralteten Vespas. Aber da war ich schon zwölf Jahre alt, das war also etwa 1960. Für ein Moped benötigte man seinerzeit keinen Führerschein und einen Auto-Führerschein hatte bei uns in der Familie niemand, wozu auch, an ein Auto war nicht zu denken, das war einfach weitaus zu teuer. Außerdem benötigte von uns niemand ein Auto. Alle Ziele waren zu Fuß erreichbar und für die Stadt gab es die Straßenbahn. Zeit war kein Faktor, der in die Waagschale geworfen wurde. Die nächste Straßenbahnhaltestelle war eine gute halbe Stunde Fußweg von unserem Haus entfernt. Da mein Vater bei den Grazer Verkehrsbetrieben angestellt war, durften wir alle in der Familie kostenlos mit der Straßenbahn fahren. Für uns gab es damals noch keine Schülerfreifahrt und so sparten meine Eltern später das Fahrgeld für die Straßenbahn. Die anderen Familien mussten ihren Kindern Monatskarten kaufen, so sie die öffentlichen Verkehrsmittel nutzen wollten.
Meine Mutter fuhr mit der „Sissi" hauptsächlich zur Arbeit, aber manchmal unternahm sie mit mir mit dem Moped Ausflüge. Ich war die Einzige in der Familie, mit der sie fuhr. Mein Vater hatte kein Vertrauen zu den Fahrkünsten

meiner Mutter und mein Bruder war zu klein, der durfte aus gesetzlichen Gründen nicht mitfahren. Bei diesen Ausflügen hatten wir meistens kein bestimmtes Ziel, wir fuhren einfach aus Spaß und Freude am Fahren. Helmpflicht gab es nicht und so hatten wir auch keine Helme auf. Der Fahrtwind blies durch unsere Haare und Kleider - ein herrliches Gefühl. Auffrisiert war das Moped nicht, dazu war in unserer Familie technisch niemand in der Lage und so fuhren wir an die fünfzig Stundenkilometer - bergab etwas schneller - bergauf konnte es manchmal, wenn es zu steil war, auch passieren, dass ich absteigen und meine Mutter das Moped ein Stück schieben musste. War eben doch nur ein Moped.

SPIELZEUG

Spielzeug gab es wenig in dieser Nachkriegszeit, dafür war es umso kostbarer.

Ich bekam, wie konnte es für Mädchen seinerzeit auch anders sein, immer Puppen, zuerst kleinere, vor allem Babypuppen. Meine Mutter nähte und strickte für diese Puppen Kleider. Mit der Zeit hatte ich eine große Auswahl an Kleidern und ich konnte mich stundenlang mit meinen Puppen beschäftigen, auch allein.
Ich weiß noch, dass ich ein Puppenbett und einen Puppenkleiderkasten bekam, zu Weihnachten oder zum Geburtstag. Diese Puppenmöbel hatte mein Vater selbst gebaut und blau bemalt, mit wunderschönen Blumen darauf. Im Kleiderkasten war eine hölzerne Stange eingebaut, auf welche man mit Kleiderbügeln die Kleider der Puppe aufhängen konnte. Über der Stange gab es noch ein Fach zum Hineinlegen von Kleidungsstücken.
Auch einen Puppenwagen gab es eines Tages für mich. Aus ausgesägten Sperrholzplatten zusammen geleimt und genagelt, mit abnehmbarem Dach, welches ebenfalls aus Sperrholz war. Dieser war mit dem gleichen Blau lackiert wie der Kleiderkasten, aber ohne Blumen darauf. Meine Mutter nähte mit Woazfedern (Kukuruz-[Mais-]stroh) gefüllte Matratzen, Polster und Tuchente für Puppenwagen und Puppenbett. Auch die Bettwäsche wurde von ihr selbst hergestellt. Dazu wurde der Stoff von altem kaputtem Bettzeug hergenommen.

Manchmal konnte ich von den jungen Hühnerküken eines so zahm machen, dass sich dieses auch als größere Henne in meinem Puppenwagen spazieren fahren ließ, oder ich setzte es auf mein Dreirad. Wenn ich in die Nähe kam, duckte sich dieses zahme Huhn und ich konnte es problemlos aufnehmen und in den Puppenwagen setzen – natürlich ohne Bettzeug, da war schon meine Mutter dahinter.

Einmal bekam ich eine „riesige" Puppe, wahrscheinlich war ich erst so ein bis zwei Jahre alt. Die Puppe war fast so groß wie ich selbst – oder größer? - und ich hatte vor dieser Puppe furchtbare Angst. Ich glaube, meine Eltern gaben dann diese Puppe wieder weg.

Auch Teddybären gab es mehrere. Teddybären habe nicht nur ich, sondern auch mein Bruder bekommen.
Den letzten Teddy besaß ich noch mit neunzehn Jahren. Er war weiß, hatte zum Schluss nur mehr ein Auge und ein halb abgerissenes Ohr, war steif und hatte bewegliche drehbare Arme und Beine.
Auch meine letzte Puppe, sie hieß Friedi, habe ich so lange behalten. Natürlich sah auch Friedi nach den vielen Jahren bereits einigermaßen ramponiert aus.
Diese Friedi hatte lange schwarze Kunsthaare, welche ich frisieren konnte - mal hatte die Puppe Zöpfe, mal einen Rossschwanz und so fort. Außerdem hatte sie blaue Schlafaugen mit langen Wimpern, die sie zumachte, wenn man sie hinlegte und sie konnte auch noch „Mama" sagen - dazu musste man sie vor- und rückwärts bewe-

gen. Für Friedi bekam ich im Laufe der Jahre ebenfalls jede Menge Kleider. Nachdem ich in der Volksschule stricken und häkeln gelernt hatte, strickte und häkelte ich unter Anleitung meiner Mutter für meine Friedi selbst Jacken, Pullover, Röcke, Mäntel, Fäustlinge, Hauben und so weiter. Sogar einen Rucksack nähte ich meiner Puppe. Ich musste schließlich mit ihr Wanderungen unternehmen, auch wenn sich diese auf das eigene Grundstück beschränkten.

Mit drei oder vier Jahren bekam ich zu irgendeinem Anlass ein Dreirad. Dieses hatte mein Vater von einem Arbeitskollegen, welcher ältere Kinder hatte, erworben oder geschenkt bekommen. Das Dreirad hatte einen massiven Eisenrohrrahmen mit einem Holzsitz, einem großen Vorderrad mit Tretkurbeln und zwei kleineren Hinterrädern. Die Räder hatten Vollgummireifen. Der Lenker bestand nur aus einem gebogenen Eisenrohr. Das Dreirad war rot lackiert und war so groß und massiv, dass ich so lange damit fahren konnte, bis es von meinem um vier Jahre jüngeren Bruder übernommen wurde.

Dafür bekam ich einen Tretroller. Der erste war komplett aus Holz und hatte relativ kleine gummierte Holzräder, in der Größe etwa so, wie die heutigen Scooter. In unserem leicht abschüssigen Hof, welcher nur geschottert war, konnte man mit diesem Roller nur schlecht fahren und ich fiel oft hin. So bekam ich später einen „echten" Roller. Ich glaube, der war neu. Er bestand aus einem Stahlrahmen mit gummierter Auftrittfläche, hatte große Räder mit Luft

*Ich mit etwa vier Jahren 1952 auf dem Dreirad –
natürlich wie immer mit unvermeidlicher Masche ...*

gummireifen und eine Bremse am Hinterrad. Damit war ich unterwegs, so oft ich konnte. Zu Spaziergängen am Wochenende durfte ich diesen Roller oft mitnehmen und damit fahren.
Irgendwann war ich zu alt dafür und mein Bruder hat wie vorher das Dreirad diesen Tretroller von mir übernommen.

Danach gab es kein Fahrzeug mehr für mich, auch kein Fahrrad, das wäre purer Luxus gewesen, den sich meine Eltern nicht leisten konnten.

Auf dem Dachboden befand sich ein alter Kaufmannsladen, den mein Vater eines Tages wieder herrichtete und neu lackierte. Dazu gab es alle möglichen kleinen Schachteln mit Aufdrucken zum Beispiel für Waschmittel, oder Kaffee und so weiter, die man „verkaufen" konnte. Es gab kleine Schaufeln zum Entnehmen von Lebensmitteln aus den Laden und Spielgeld. Der Phantasie waren keine Grenzen gesetzt ...

Auch ein Kaspertheater haben wir Kinder einmal bekommen. Das war eine bunt bemalte dreiteilige aufklappbare Wand mit Bühnenfenster und Vorhängen sowie austauschbaren Kulissen zum Einhängen.

Dazu gab es die wichtigsten Figuren wie natürlich den Kasperl selbst, einen Polizisten, einen Räuber und eine Hexe, alle mit Köpfen aus bemaltem Pappmaschè. Auch das Krokodil durfte nicht fehlen.

... und danach mein Bruder mit Dreirad – etwa 1955

Ich weiß nicht, ob mein Vater das Theater selbst gebaut und bemalt hat – es wäre gut möglich gewesen, so geschickt wie er war. Aber vielleicht wurde es auch einfach nur von meinen Eltern gekauft.
Zuerst hat uns meistens mein Vater etwas mit den Kasperlfiguren vorgespielt, das konnte er recht gut. Später haben wir Kinder uns selbst damit beschäftigt.

Selbstverständlich gab es Bälle, in verschiedensten Größen und Ausführungen. Meistens waren diese Bälle bunt mit schönen Mustern darauf. Die gehörten sozusagen zur Grundausstattung des Spielzeugs. Dann gab es Holzreifen, welche man mit einem Stock durch den Hof treiben konnte.
Auch die Springschnur durfte nicht fehlen. Mit dieser Springschnur habe ich es zur Meisterschaft gebracht – vorwärts, rückwärts, einfüßig, zweifüßig… Auch zu dritt ließ sich damit herrlich spielen. Zwei Kinder hielten die Springschnur je an einem Ende und drehten sie in der Mitte. Das dritte Kind musste in der Mitte, wenn die Springschnur am Boden angekommen war, darüber springen. Dabei gab es ebenfalls die verschiedensten Varianten des Springens. Irgendwann kam der Hula-Hoop-Reifen auf. Den wollte ich natürlich haben und bekam ihn letztlich auch. Mit diesem Gerät übte ich so lange, bis es zeitlich fast kein Limit mehr gab – zehn Minuten oder länger waren kein Thema, ohne dass der Reifen herunter fiel. Selbst wenn der Reifen schon unter dem Knie angelangt war, konnte ich ihn wieder zu meiner Mitte hoch bringen oder weiter bis zum Hals. Jedenfalls war ich beschäftigt.

Nicht zu vergessen – meine Bücher. Bücher waren und sind in meinem Leben das Wichtigste überhaupt. Lesen konnte ich bereits zu Weihnachten in der ersten Klasse Volksschule und ab da wurde von mir alles Lesbare verschlungen. So bekam ich auch ab diesem Zeitpunkt zu allen Anlässen Bücher, Bücher, Bücher … Einige Märchenbücher aus dieser Zeit besitze ich heute noch, nachdem meine Kinder, Enkelkinder, Nichten und Neffen diese ebenfalls gelesen haben.

Für Tage mit schlechtem Wetter und für den Winter gab es später noch ein Spielemagazin. Darin waren Brettspiele wie „Mensch ärgere dich nicht", „Mühle", „Halma", „Fuchs und Henne" und noch einige andere. Als Kartenspiele gab es verschiedene „Quartetts" und „Schwarzer Peter" und als wir schon älter waren, wurden wir noch mit einem DKT beglückt - „Das kaufmännische Talent". Am lustigsten waren diese Spiele natürlich, wenn die Nachbarkinder mitspielen konnten. DKT konnten wir stundenlang spielen, es war für uns einfach spannend und schärfte unser kaufmännisches und strategisches Denken. Neben allen diesen Spielen konnte man zum Beispiel ohne besondere Vorlage oder Hilfsmittel noch „Stadt und Land" oder „Schiffe versenken" spielen, hierzu reichte ein Blatt kariertes Papier und ein Bleistift. An diesen Spielen beteiligten sich manchmal im Winter, wenn draußen nichts zu tun war, auch unsere Eltern. Um uns Kinder bei Laune zu halten, ließen sie uns natürlich meistens gewinnen.

Für den Winter gab es einen Schlitten. Keinen Bob aus Kunststoff - so etwas war zu meiner Zeit noch unbekannt.

Einen ganz normalen hölzernen Zweisitzer mit geflochtenem Gurtensitz und eisenbeschlagenen Kufen. Vorne war an Ösen ein Seil befestigt, mit welchem man den Schlitten bergauf ziehen konnte.
Da unser Grundstück fast in allen Bereichen eine Hanglage hatte, gab es Abfahrten mit unterschiedlichem Schwierigkeitsgrad. Je älter und unerschrockener wir wurden, desto steiler wurden die in Angriff genommenen Abfahrten. Gemeinsam mit den Nachbarkindern konnten wir sogar von unserem Haus weg durch ein Loch in der Zaunhecke bis in den Graben des Nachbargrundes fahren. Das dürften schon so an die fünfhundert Meter Streckenlänge gewesen sein. Der Aufstieg bis zur nächsten Abfahrt war zwar beschwerlich, aber wenn man wieder hinunterfahren wollte, musste man das in Kauf nehmen - und wir wollten - immer wieder. Ich glaube, wir wurden einfach nie müde. Abgebrochen wurden solche Spielzeiten in der freien Natur, egal ob im Sommer oder Winter, immer nur durch die Rufe unserer Eltern, wenn es Essen gab oder wenn sonst etwas anstand, was erledigt werden musste, etwa Schulaufgaben - oder einfach, wenn es finster wurde.

So verbrachten wir auch an schönen Wintertagen mehrere Stunden im Freien. Erschöpft von der vielen Bewegung gab es keine Schlaf- oder Einschlafprobleme. Fernseher gab es noch lange keinen und um acht Uhr im Bett zu sein, war völlig normal. Dafür waren wir morgens auch immer ausgeschlafen.

Eines der letzten Spielzeuge waren Turnringe sowie ein Trapez, welche auf einem Ast unseres Nussbaumes im Hof befestigt wurden. Zuvor gab es eine Schaukel mit einem normalen Holzbrett an irgendwelchen Stricken befestigt. An diesen Ringen und am Trapez „hingen" wir ständig. Ich brachte es darauf zu beachtlichen akrobatischen Leistungen und hatte viel Spaß daran. Diese Turnübungen waren natürlich auch für den Turnunterricht in der Schule sehr hilfreich. Ich gehörte jedenfalls nie zu den Kindern, die wie ein „Sack" an den Ringen hingen und ihren Popo einfach nicht hinauf bekamen.

Natürlich gab es irgendwann auch das klassische Federballspiel, aber damit spielten nicht nur wir Kinder, sondern auch die Erwachsenen. Leider blies im Hof meistens der Wind, sodass das Spiel ganz schön anstrengend war.

Etwas hat mich als kleines Mädchen noch sehr fasziniert. Meine Oma hatte ein „Fernglas", in welches seitlich Dias eingeschoben wurden, und zwar zwei gleiche die miteinander verbunden waren, sodass man mit jedem Auge extra jeweils das gleiche Foto sah. Der Effekt war ein dreidimensionales Bild mit entsprechender Tiefenschärfe. Ich konnte mich nicht genug daran satt sehen, obwohl die Fotos eher langweilig waren. Meistens waren es Bäume und sonstige Naturansichten. Also auch wir kannten bereits 3-D-Bilder …

Irgendwann besaß ich ein Kaleidoskop. So eine Art Fernrohr aus einer bunt bedruckten Kartonröhre mit Spiegeln innen drinnen, in welchem bunte Glasscherben herum kugelten, wenn man das Fernrohr drehte. Als Abschluss am Ende war ein rundes Glasplättchen, durch das das Licht herein fiel. Die Spiegel reflektierten die bunten Glasscherben und man sah immer wieder einen anderen wunderschönen sechseckigen Stern.

Außerdem war da noch das Mikroskop von meinem Onkel. Ich betrachtete Wassertropfen vom Brunnenwasser oder dem Tümpel mit den darin befindlichen, mit freiem Auge nicht sichtbaren, Tieren. Oder Teile von Pflanzen, Insekten und vieles mehr. Ich war unheimlich neugierig und konnte nicht genug davon bekommen. Auf diese Art und Weise erkannte ich schon sehr früh, dass es mehr an Tieren und Pflanzen gibt, als man mit dem freien Auge sehen konnte. Leider ließ mein Onkel mich nur selten einen Blick in diese andere Welt werfen.

Eines der schönsten Dinge war ein für uns Kinder begehbares Kinderhaus, welches mein Vater aus alten Holzbrettern hinten an die große Hütte angebaut hatte. Dieses Haus hatte eine richtige Türe, welche mit einem Riegel innen versperrbar war sowie ein Fenster mit Holzbalken, ebenfalls innen verriegelbar. Ober dem Fenster befand sich eine Konsole aus einem Holzbrett, auf welcher wir unsere „Schätze" aufbewahrten. Das waren vor allem Schneckenhäuser, Steine, Moose, Flechten, Vogelfedern und was wir sonst noch im Wald und auf der Wiese fanden und für uns von Wert war. Das Holzdach war mit Teerpappe regendicht gemacht. Die Höhe des Hauses war so, dass wir darin stehen konnten, jedenfalls so lange, wie uns dieses Haus interessierte. Als Einrichtung hatten wir zwei vom Vater selbst gebaute Kindersessel. Da unsere Nachbarkinder meistens mit uns spielten, mussten wir die Hütte „teilen", da wir zu sechst darin nicht Platz gehabt hätten. So nahmen manchmal wir drei Mädels die Hütte in Beschlag und manchmal die drei Buben.

Wenn ich es mir nach dem Schreiben dieser Zeilen so recht überlege, hatten wir gar nicht so wenig Spielzeug, im Laufe der Jahre hat sich ganz schön was angesammelt. Allerdings war es ausschließlich Spielzeug, mit dem wir uns real beschäftigen mussten – also mit Einsatz aller unserer Sinne – vor allem auch körperlich.

WIESE UND WALD

Der Rest unseres „Spielzeug's" war die Natur – und das das ganze Jahr über.

Bäume waren ein beliebtes Klettergerät. Jeder Baum, dessen Äste vom Boden aus für uns erreichbar waren, wurde beklettert. Für uns Mädels, die wir doch einige Jahre älter und somit größer waren als unsere Brüder, war das außerdem ein Ort, den wir lange Zeit ohne Buben für uns allein hatten. Dort konnten wir unsere Geheimnisse austauschen, reden über Gott und die Welt - und niemand hörte uns. Manchmal bewarfen uns die Buben mit Äpfeln und dergleichen. Aber da unsere Brüder wesentlich jünger waren als wir, reichte die Kraft und somit die Wurfweite nicht aus, um uns zu erreichen. Im schlimmsten Fall kletterten wir einfach höher hinauf.

Im Wald zwischen Moos bauten wir ganze Zwergenstädte. Wir bastelten aus kleinen Zweigen, Rindenstücken und Steinen Häuser, Zäune und Bäume. Auch eine Seilbahn auf einen Berg hinauf durfte nicht fehlen, wobei als Gondel Andenken von der Schöckel-Seilbahn dienten, die auf gespanntem Zwirn zwischen Holzstäben aufgehängt wurden. Solche Dinge bauten aber meistens nur wir Mädchen, die Buben hatten fast immer nur vor, unsere Spielwelt wieder zu zerstören.

Einmal baute der Opa der Nachbarkinder mit uns vor dem Wald eine Laubhütte. Das war ein richtiges Kunstwerk. Zuerst mussten wir Stecken im Wald sammeln. Die Stecken wurden mit einer Baumschere abgelängt und in der gewollten Größe der Grundfläche des Hauses in die Erde gesteckt. Danach wurden Zweige samt Laub hinein geflochten. Auf einer Seite wurde ein Loch als Türöffnung frei gelassen. Als Dach wurden stärkere Äste quer von Wand zu Wand darüber gelegt und dann kamen dünne Zweige samt Laub oben dicht bei dicht darüber. Diese Laubhütte war zwar nicht sehr hoch, dafür hatte sie eine große Fläche und wir Kinder konnten uns fast alle dort hineinlegen. Der Boden vor dem Wald war wunderbar weich voller Moos. Das Dach war durch das Laub so dicht, dass auch ein leichter Regen abgehalten wurde. Im Laufe der Zeit wurde das Laub natürlich welk und die Hütte war nicht mehr so attraktiv, da man ohne Laub durch sah und das Dach auch nicht mehr regendicht war.

Der bemooste weiche Boden vor dem Wald animierte auch noch zu Turnübungen wie: Handstand, Kopfstand, Brücke, Radschlagen ... unter Bewegungsmangel litten wir jedenfalls nicht.

AUSSICHT

Als wir schon etwas größer waren, weiteten wir unsere Aktivitäten immer mehr aus. Vor allem der Heuboden hatte es uns angetan. Auf diesen gelangte man normaler Weise nur mit einer Leiter über einen Vorbau. Eine Leiter aufzustellen war für uns Kinder unmöglich, da wir nicht die Kraft dazu hatten. Aber es gab seitlich in einer Mauernische einen Blitzableiter, welcher mittels Maueranker in kurzen Abständen an der Wand befestigt war. Körperlich fit wie wir waren, kletterten wir eines Tages an diesem Blitzableiter hoch, gelangten unversehrt auf den Vorbau und konnten in den Heuboden hinein. Die Heubodentüre war nur mit einem Riegel verschlossen, den man leicht öffnen konnte. Dort roch es herrlich nach Heu und wir verbrachten dort viele Stunden. Irgendwann war uns auch das nicht genug. Neben dem Vorbau kam ein Kamin hoch und dahinter gab es eine Giebelmauer mit einer verblechten Nische, in der das Regenwasser abrann. Diese Giebelmauer war so etwas wie eine Potemkinfassade, auf welcher die Jahreszahl des Hausbaus im Putz aufgebracht war. Ich glaube es war die Zahl 1875. Jedenfalls saßen wir hinter dieser Potemkinfassade und hatten eine herrliche Aussicht.

Schlimmer Weise entdeckte uns unsere Mutter dabei. Sie hatte natürlich eine Heidenangst, dass wir herunter fallen könnten und war fürs erste froh, als wir wieder Boden unter den Füßen hatten. Das Donnerwetter war aber unvermeidlich und uns wurde strengstens verboten, jemals wieder auf den Heuboden zu klettern.

Ich weiß, dass wir später trotzdem immer wieder oben waren, aber nur dann, wenn unsere Eltern nicht daheim waren. Unsere Oma war meisten zu langsam um festzustellen, wo wir uns gerade aufhielten. Schließlich war das Grundstück groß genug, um „verschwinden" zu können. Außerdem gehörte zu unseren Jagdgründen auch noch das Nachbargrundstück unserer Spielgefährten. Meistens waren wir ja zu sechst unterwegs.

SCHWIMMBAD

Da auch am Nachbargrundstück zwei Quellen an die Oberfläche kamen, die in betonierten runden Trögen zum Entnehmen des Wassers gefasst wurden, gab es eines Tages den Beginn eines großen Bauvorhabens, welches der Opa unserer Nachbarkinder in Angriff nahm. Es sollte ein Schwimmbad entstehen.

Mitten im Quellenverlauf des Abwassers von den Brunnentrögen wurde eine große Grube ausgehoben, in diese sollte letztlich die Quelle hinein rinnen und am unteren Ende wieder hinaus. Die Größe dürfte zirka drei mal fünf Meter gewesen sein und das Becken war etwa einen Meter tief. Der Boden wurde betoniert und die Seitenwände mit großen Steinen aufgemauert. Der Boden war leicht schräg und am unteren Ende wurde über dem Bodenniveau ein Rohr mit einbetoniert, in welches ein großer geschnitzter Holzstöpsel hineingeschlagen wurde, sodass man bei Bedarf das Bad auslassen konnte. Das Überwasser verschwand durch das stetige Nachrinnen der Quelle im unteren Bereich ebenfalls durch ein Rohr knapp unter dem oberen Rand.

Als das Schwimmbad endlich fertig war, konnten mein Bruder und ich anfangs nur sehnsüchtig vom Zaun aus das Badetreiben unserer Spielgefährten verfolgen, da meine Mutter uns nicht sofort erlaubte, ins Bad zu gehen, zumal die offizielle Erlaubnis der Nachbarn noch nicht gegeben war.

Irgendwann durften wir aber auch ins Bad. Sechs Kinder auf einer Fläche von fünfzehn Quadratmeter - man kann sich sicher vorstellen, was hier los war. Schwimmen konnte keines von uns Kindern, aber bei einem Meter Tiefe, der Wasserstand war sicher noch etwas niedriger, war das kein so großes Problem für uns - wasserscheu waren wir jedenfalls nicht.

Der Opa der Nachbarkinder hatte ein Kohleunternehmen und so gab es als Wasserspielzeug große alte geflickte aufgeblasene Schläuche von LKW-Reifen. In diese setzten wir uns hinein und ruderten mit den Händen um die Wette. Damals erhältliche bunte aufblasbare Wasserbälle hatten wir natürlich auch.

Das Wasser war eisig, aber dafür sauber – Quellwasser eben, das sich ständig erneuerte. Nach kurzer Zeit des Badens kamen wir mit blauen Lippen am ganzen Körper zitternd wieder heraus beziehungsweise mussten die Erwachsenen uns Kinder ermahnen, wieder aus dem Bad heraus zu kommen. Kaum etwas von der Sonne getrocknet und erwärmt waren wir schon wieder drinnen. Zuerst badeten wir alle in Unterhosen, auch wir Mädchen, später bekamen wir Badeanzüge. Diese waren aus bunt bedrucktem Baumwollstoff mit Rüschen und Gummizug - wir fühlten uns wie richtige Badenixen. Allerdings hatten diese Badeanzüge aus normalem Stoff den Nachteil, dass sie sehr lange nicht trockneten und nass am Körper klebten - das fühlte sich unangenehm an. Da ging man schon lieber wieder ins Wasser.
Wenn wir am Tag das erste Mal ins Bad gingen, flüchteten mehrere Frösche entsetzt und suchten tagsüber das

Weite, um abends wieder zurück zu kehren. Manchmal verließ ein Frosch etwas zu spät das Bad und schwamm mit uns Kindern um die Wette. Aber uns störte das nicht oder belustigte uns sogar, mit Tieren jedweder Art hatten wir kein Problem.

Mit der Zeit legte sich grüner Algenbewuchs am Boden und an den Wänden an, auch das war uns egal, obwohl es dadurch etwas glitschiger wurde, was vor allem im Bereich der Einstiegsstiege schon mal zu Ausrutschern führen konnte.

OSTERN

Neben dem Heu musste im Frühjahr auch das Laub, das von den Obstbäumen herab gefallen war, zusammen gerecht werden. Das war ebenfalls wieder eine Hauptarbeit meiner Mutter. Allerdings war der Transport des Laubes nicht so aufwändig. Das Laub kam auf einen von meistens zwei Osterhäufen, die sich auf den baumfreien Ackerflächen befanden. Ebenso die Zweige und Äste der Obstbäume, welche mein Vater am Ende des Winters, meistens im Feber, beschnitt. Die Laubhecken, welche unser Grundstück fast zur Gänze eingrenzten, wurden im Frühjahr ebenfalls geschnitten und fütterten gleichermaßen den Osterhaufen.

Die beiden Osterhäufen waren in meiner Kindheit Tradition und nicht wegzudenken. Dazu versammelten sich meistens mehrere Nachbarn um ein Osterfeuer. Es gab für die Erwachsenen Schnaps zum Trinken und es wurden Lieder gesungen. Wir Kinder spielten im Finstern meistens Verstecken oder stocherten, wenn der Osterhaufen schon fast abgebrannt war, mit Zweigen in der Glut herum. Da die Osterhäufen immer recht groß waren, dauerte das bis spät abends. Der Karsamstag war einer der wenigen Tage, wo wir länger aufbleiben durften.

Am Palmsonntag vor Ostern gingen wir meistens als Familie zur Palmweihe. Das war der einzige Tag im Jahr, an welchem meine Eltern in die Kirche gingen. Als wir Kinder bereits schulpflichtig waren, wurden wir jeden Sonntag allein in die Kirche geschickt. Das fand ich später zwar etwas seltsam, aber damals war es „normal". Außerdem war es lustig, vor allem der Weg zur und von der Kirche. Wir waren allein und hatten Spaß. Meine Oma und mein Onkel gingen glaube ich überhaupt nie in die Kirche.

Als ich noch klein war, versteckte der Osterhase seine Eier und Süßigkeiten immer weit auf der Wiese verstreut, das Suchen war daher immer entsprechend spannend. Manchmal musste beim Finden der Ostersachen mein Vater ein bisschen nachhelfen. Ostern war in diesen Jahren eine bereits sehr warme Zeit. Da beim Ostereier suchen immer Fotos gemacht wurden, wurde ich heraus geschmückt – mit Dirndlkleid und Steirerhut mit Feder – diesmal keine Masche, die hatte unter dem Hut nicht Platz.

Ich mit etwa dreieinhalb Jahren 1952 beim Ostereier-Suchen mit Dirndlkleid und Steirerhut.

NIKOLAUS

Zu Nikolaus raschelte vor dem Fenster immer ein Krampus mit einer Kette – so wurde uns das jedenfalls erklärt. Als wir Kinder größer waren, erfuhren wir, dass das unser Nachbar war. Aber seinerzeit hatten wir große Angst. Weil wir natürlich nicht nur schlimm waren, kam auch der Nikolaus zu uns, mit einem Sack voller Geschenke - der Krampus wurde Gott sei Dank nie herein gelassen!

Wir mussten immer ein Gedicht aufsagen, welches wir vorher gelernt hatten, erst dann gab uns der Nikolaus die Geschenke. Es gab Erdnüsse, Feigen und Mandarinen und meistens selbst gestrickte Fäustlinge, Socken, Schals oder Hauspatschen. Spielsachen gab es zu diesem Anlass nie, das war einfach so und störte uns nicht weiter. Wir freuten uns trotzdem.

WEIHNACHTEN

In der Vorweihnachtszeit gab es von den Grazer Verkehrsbetrieben, wo mein Vater beschäftigt war, immer eine Weihnachtsfeier. Für uns Kinder wurden kleine Päckchen mit Süßigkeiten von einem Weihnachtsmann ausgeteilt, dazu mussten alle Kinder nach und nach auf die Bühne kommen und vom Weihnachtsmann selbst das Päckchen in Empfang nehmen. Außerdem wurde eine Tombola veranstaltet. Ich glaube, es gewann jedes Los etwas. Erinnern kann ich mich daran, dass meine Eltern einmal ein Paket mit einem grün-rot-karierten Wollstoff gewonnen hatten. Daraus nähte eine bekannte Schneiderin für mich eine Winterhose – die erste Hose in meinem Leben. Auch einen Schlittenstaubsauger gewannen meine Eltern auf einer solchen Tombola – sehr zur Freude meiner Mutter.

In der Adventszeit spazierten wir oft durch die weihnachtlich geschmückte Grazer Innenstadt. Nicht fehlen durfte dabei ein Besuch des großen Warenhauses in der Nähe vom Hauptplatz in der Sackstraße. Die alten Grazer wissen, dass dieses Warenhaus vormals ein Theater war. Entsprechend schön verziert waren Stiegengeländer und Säulen. Inmitten des Verkaufsraumes befand sich zwischen den beiden halbrunden Stiegen in den Halbstock ein dreidimensionales Weihnachtsmärchen, teilweise mit bewegten Figuren. Für uns Kinder war das ein Schauen und Staunen und gehörte fix zur Weihnachtszeit.

In der Familie kam zu Weihnachten das Christkind zu uns. Mein Vater musste dem Christkind immer helfen, den Christbaum im Schlafzimmer der Eltern aufzustellen und zu schmücken. Ich versuchte immer, das Christkind durch das Schlüsselloch der versperrten Türe zu sehen, aber es gelang mir leider nie. Wenn das Christkind mit dem Schmücken des Christbaumes endlich fertig war, läutete es mit einer Glocke - der Auftakt, endlich in das Zimmer zu dürfen. Die Kerzen auf dem Christbaum brannten bereits und darunter lagen die Geschenkspakete - eingehüllt in Weihnachtspapier mit Band und Masche.

Aber bevor wir uns auf die Pakete stürzen durften, wurde erst mal das Lied „Stille Nacht, Heilige Nacht" von allen gemeinsam gesungen - erst dann kam der große Moment des Geschenkeauspackens. Nachdem ich in der Volksschule Blockflöte spielen gelernt hatte, musste ich ab da Weihnachtslieder mit der Blockflöte vorspielen – ich war sehr stolz darauf.

 HAUSTIERE

Soweit ich mich erinnern kann, liefen im Hof und auf der Wiese immer zehn bis fünfzehn Hühner samt einem stolzen Hahn herum.

In der großen Hütte waren in einem hölzernen Abteil Stangen zum Aufsitzen der Hühner in der Nacht angebracht. Unter diesem Abteil waren die mit Heu ausgepolsterten Legenischen für die Hühner, in welchen je ein Gipsei lag. Das animierte die Hühner dazu, ihr Ei dort dazu zu legen. Unter dem Podest der Obstmühle war ein für die Hühner von außen zugehbarer Hühnerstall, in welchem meine Mutter meistens eine Bruthenne untergebracht hatte, die zum Ausbrüten der Eier ihre Ruhe brauchte.

Wir hatten jedes Jahr ein bis zwei Bruthennen, die die selbst gelegten vom Hahn befruchteten Eier brav ausbrüteten und dann mit den Küken im Hof und auf der Wiese unterwegs waren. Diese Bruthennen waren mit Vorsicht zu genießen, da sie ihre Jungen bei vermeintlicher Gefahr verteidigten, das konnte schon mal wehtun. Aber sie beschützten die Jungen natürlich auch. Wenn ein Hühnerhabicht über dem Hof kreiste, versteckte sie die Jungen sofort unter ihrem Federkleid. Die Junghühner wurden teilweise behalten, um immer genügend Legehennen für den Eierbedarf zu haben und teilweise wurden sie am Sonntag als Brat- oder Backhendl verzehrt. Im Sommer hatten wir so viele Eier, dass wir Eier auch zum Verkauf draußen am Tor angeschrieben hatten. Es gab auch Nachbarn, die Eier fix von uns abnahmen.

Alle Hühner wurden mit dem eigenen angebauten Kukuruz gefüttert - einmal in der Früh, wenn sie aus dem Stall rausgelassen wurden, und einmal abends. Trotzdem die Hühner ein riesiges Areal abgingen, am Abend, zu einer gewohnten Uhrzeit, standen sie pünktlich im Hof vor der Hütte und warteten auf ihr Futter. Als wir später keinen Acker mehr bebauten, wurde für die Hühner trotzdem immer nur Kukuruz gekauft und kein Fischmehl, wie es heute üblich ist. Die Hühner suhlten (wälzen, baden im Sand) sich oft in gewissen sonnigen Bereichen des Hofes in warmen Sandkuhlen (Sandlöcher) und warfen den Sand durch ihr Gefieder durch - damit wurden sie Ungeziefer los. Ansonsten waren sie den ganzen Tag im Hof und auf der Wiese frei unterwegs. Sie nahmen dadurch außer dem Kukuruz tagsüber auf ihren Wanderungen durch die Wiese auch jede Menge Grassamen, Insekten und Sandkörner auf. Letztere benötigten sie als wichtigen Mineralstoff. Unsere Hühner waren jedenfalls „pumperlgesund" und brauchten kein Antibiotika.
Manchmal kam es vor, dass Hennen ihre Eier beim Nachbarn legten. Da meine Mutter immer sehr genau wusste, welche Henne legte und so die Eieranzahl, die zu erwarten war, kannte, entging ihr dieses Fremdgehen einer Henne nicht. Dann wurde die Henne einfach ein paar Tage eingesperrt, bis ihr klar war, wo sie zu legen hatte - nämlich daheim und nicht beim Nachbarn. Allerdings passierte das natürlich auch manchmal mit umgekehrten Vorzeichen und eine Henne der Nachbarn legte bei uns ihre Eier in ein Nest. Alles in allem war das keine Tragik, es klärte sich immer schnell auf.

In den vier oder fünf Hasenkobeln (Hasenstall) aus einem ausrangierten Kleiderkasten in der großen Hütte gab es immer Hasen mit Jungen, wobei im obersten Kobel ein Rammler, also männlicher Hase, war. Der war wesentlich größer als die Weibchen und wenn man in die Nähe kam, klopfte er mit den Hinterläufen und gab so seinem Unmut laut. Das klang sehr bedrohlich. Zu bestimmten Zeiten wurde dieser Rammler zu den Weibchen in den Stall gegeben oder ein Weibchen zu ihm, sodass es bald darauf wieder Hasennachwuchs gab.

Die Hasen wurden im Sommer mit frisch gemähtem Gras gefüttert und im Winter mit getrocknetem Heu. Manchmal gab es auch in einer Schale Kukuruzkörner, Salatabfälle und Karotten, meistens nur das Kraut davon oder solche, die für uns nicht schön genug waren.

Die Hasenkobel mussten natürlich von Zeit zu Zeit ausgemistet werden, was meistens mein Vater besorgte. Danach wurde frische Sägespäne eingestreut und Heu eingebracht. Wenn es ein Hasennest mit Jungen im Kobel gab, musste man sehr vorsichtig ausmisten und durfte das Nest oder gar die Jungen nicht berühren, da die Mutterhäsin sonst die Jungen nicht mehr säugte. Für den Nestbau verwendete die Mutterhäsin neben dem Heu auch noch am Bauch selbst ausgerupftes Hasenfell, sodass die vorerst blinden und nackten Hasenjungen wunderbar weich lagen.

Auf unserem Speiseplan gab es neben dem selbst angebauten Gemüse also auch Hasenbraten und Hendl in verschiedensten Varianten zubereitet. Junge Hühner wurden meistens als Backhendl verzehrt, manchmal auch als Brathendl und ältere Hühner, deren Fleisch nicht mehr so zart war, wurden bevorzugt zu einem Hendlgulasch verarbeitet. Auch Hühnersuppe mit dem Kleinzeug und den Innereien gab es öfters. Mir schmeckte in dieser Suppe vor allem der Magen, die Leber und das Herz. Leider waren diese älteren Hühner meistens sehr fett und so schwammen auf der Suppe oder dem Gulasch Fettaugen herum - das mochte ich nicht so gerne.

Wenn ein Huhn frisch von meinem Vater geschlachtet wurde, hatte meine Mutter die Aufgabe, die Federn mit kochendem Wasser abzubrühen und auszurupfen, das Huhn auszunehmen, also Gedärme und Innereien herauszunehmen, und zuzubereiten. Ich bewundere meine Mutter heute noch im Nachhinein. Mir wurde seinerzeit allein vom Zuschauen immer übel. Nicht nur, dass das fürchterlich ausschaute, es roch auch fürchterlich.

Die Hasen wurden ebenfalls von meinem Vater geschlachtet und enthäutet. Aus Hasenfleisch machte meine Mutter einen wunderbaren Hasenbraten. Als Beilage gab es fast immer Erdäpfel und Salat aus dem eigenen Anbau. Das Hasenfell wurde vergraben, es wurde keiner weiteren Verwendung zugeführt.

Mein Vater achtete immer darauf, dass wir Kinder das Schlachten der Tiere nicht zu sehen bekamen. Als wir Kinder größer waren, wussten wir natürlich davon und nahmen das auch wahr.

Schlimm war es für uns Kinder, wenn ein zahmer Hase oder ein zahmes Huhn auf einmal auf dem Teller landete.

Gegessen haben wir aber immer alles, es schmeckte einfach zu gut, zumal es Fleisch fast nur am Wochenende oder zu bestimmten Anlässen als Festtagsessen gab.

Hinter dem Nussbaum befand sich lange Zeit eine weitere Hütte, worin unsere Kaschpelsau (Sau, die großteils mit Küchenabfällen gefüttert wird) großgezogen wurde. Wenn die Kaschpel nicht reichte, wurden noch Erdäpfel oder Sterz zusätzlich gekocht und an die Sau verfüttert. Die Sau konnte sich in einem abgeschlossenen Bereich der Hütte frei bewegen und hatte einen zusätzlichen eingezäunten Auslauf ins Freie. Als Einstreu gab es gehackte trockene Kukuruzstauden sowie Heu und Sägespäne.
Ich kann mich daran erinnern, dass unsere Kaschpelsauen durch den täglichen Kontakt mit uns Menschen sehr friedlich waren und wir Kinder konnten ohne Probleme in den Stall hinein gehen. Meine Mutter hatte natürlich damit keine Freude, da schmutzige Schuhe und Kleider unvermeidbar waren. Wir passten ja auch kein bisschen darauf auf, wir hatten unseren Spaß.
Einmal entkam eine Sau durch die Unachtsamkeit von uns Kindern ins Freie. Meine Eltern hatten Mühe, die Sau wieder einzufangen. Ihr gefiel die unverhoffte Freiheit offensichtlich und sie hatte nicht vor, so rasch wieder in den Stall zurück zu kehren.
Einmal im Jahr wurde so eine Sau geschlachtet. Selbst bis zu diesen letzten Lebensminuten hatte die Sau keine Ahnung, was mit ihr passieren würde, da sie den Umgang mit uns Menschen gewohnt war und keinen Argwohn hegte. Der Tod kam plötzlich und unerwartet

- sie wurde von einem Bekannten von uns mit dem Revolver erschossen, direkt in die Stirn. Zum Ausschütten von Stresshormonen kam es so nicht.

Anschließend wurde die Sau dann von meinen Eltern und meiner Oma fachgerecht zerteilt, wobei alles, aber auch wirklich alles, verwertet wurde. Die Därme wurden ausgewaschen und gefüllt, also Würste daraus gemacht. Für die Wurstproduktion gab es eine Art Mühle, über deren Ausgang die Därme darüber gestülpt wurden. Durch die Mühle wurde das gewürzte Fleisch in die Därme gedrückt und die dann gefüllten Därme je nach gewünschter Länge durch mehrmaliges Verdrehen abgelängt. Das ergab dann eine lange Reihe von Würsten. Produziert wurden Selchwürste, Brat-, Brein- und Blutwürste. Letztere aber nur für den raschen Verbrauch. Vom frischen Blut wurde ein Bluttommerl gemacht, welcher noch am gleichen Tag von den Erwachsenen gegessen wurde - ohne Kühlschrank war er keinen Tag haltbar. Das war eines der wenigen Dinge, die ich nicht essen mochte - Blut – igitt! Es gab ausgelassenes Fett zum Braten und Backen sowie Grammelfett, das noch heiß in Gläser gefüllt wurde und darin erhärtete, und es gab frische Grammeln mit Brot und Salz. Natürlich auch frisches Fleisch. Aber da es keinen Kühlschrank gab, wurde das meiste Fleisch eingebeizt und geselcht. Auch die Würstl'n wurden geselcht. Dazu hatte mein Vater eine eigene Selche gebaut, welche ein Stück weit entfernt vom Haus auf der Wiese stand. Das war ein kleiner Verschlag aus Holzbrettern mit Türe, in welchem die Würste und das Fleisch aufgehängt wurden. Die Selche wurde mit Buchenscheitern beheizt. Die Rauchentwicklung war gewaltig und es stank die ganze Gegend danach. Aber das war ja der Sinn der Sache. Diese Selche wurde mehrere Tage am glosen gehalten, sodass das Fleisch und die Würste ordentlich durchgeselcht wurden und entsprechend gut schmeckten.

Nach dieser ganzen Prozedur wurde wieder ein junges Ferkel gekauft, welches groß zu ziehen war. Wir Kinder hatten natürlich mit so einem Ferkel viel Freude, man konnte herrlich mit ihm spielen - leider wurde es unweigerlich größer und wir mussten wieder Abschied nehmen.

MEINE TIERE

Ein oder zwei Katzen gab es bei unserem Haus ständig. Meistens waren es Weibchen, da sie angeblich die besseren Mäusefänger waren, und die bekamen im Jahr mindestens zweimal Junge. Die Katzen hatten, wenn die Geburt bevor stand, die Eigenheit, sich irgendwo ein Versteck zu suchen, in welchem sie dann die Jungen gebaren. Mein Vater versuchte dann immer heraus zu finden, wo sich das Versteck befand, das war unter Umständen auch manchmal bei irgend einem Nachbarn. Da man die Jungen in der Vielzahl, es waren pro Wurf meistens fünf oder mehr, nicht behalten konnte und dieses Problem bei jedem Haushalt in der Nachbarschaft auftauchte, mussten die Jungen getötet werden. Das klingt heute fürchterlich, aber damals und vor allem im ländlichen Bereich war das einfach üblich. Jedenfalls war mein Vater immer bemüht, kein Tier unnötig leiden zu lassen. Eine Kastration von Haustieren war im Gedankengut der Leute einfach nicht vorhanden. Außerdem hätte niemand für eine Katze Tierarztkosten ausgegeben oder ausgeben können. Die Katzen liefen frei herum, bekamen ihre Schale Milch, für das tatsächliche Fressen mussten sie selbst sorgen - Mäuse und Vögel fangen war also angesagt. Vor allem zum Mäuse fangen hielt man die Katzen für gewöhnlich, dass sie gleichzeitig kleine Schmusetiger waren, davon nahm man wenig Notiz - außer wir Kinder und meine Oma. Besonders glücklich waren wir, wenn die manchmal erst zu spät gefundenen kleinen Kätzchen von einem Wurf die Augen schon offen hatten, also wenn sie schon über zwei Wochen alt waren. Die waren sooo süß! Dann ließ mein Vater der Katzenmutter wenigstens ein Junges, sodass sie keinen Milchstau bekam, da die Milch schon voll eingeschossen war und versuchte die anderen Jungen zu verschenken. Wir durften uns dann das Katzenjunge, welches uns am besten gefiel, aussuchen. Dieses Katzenjunge erhielt von uns Kindern einen Namen und wurde natürlich ausgiebig herumgetragen und gestreichelt ...

Obwohl Katzen beim Haus waren, fand ich eines Tages in der Hütte im Kohlenhaufen meiner Oma ein Mäusenest - ein paar nackte und blinde Winzlinge - ähnlich wie die Hasenjungen, nur kleiner. Ich war hellauf begeistert und wollte diese Mäuse selbst groß ziehen. Offensichtlich bin ich davon ausgegangen, dass diese Mäusejungen verwaist waren - was sicher nicht der Fall war. Jedenfalls fand ich ein kleines Holzkisterl, dahinein gab ich Watte, welche ich von der Oma bekommen hatte und bettete die kleinen Mäuse dort hinein. Von meiner Oma erhielt ich noch eine Pipette, mit welcher ich versuchte, die Mäusejungen mit verdünnter Milch zu füttern. Da meine Eltern, vor allem meine Mutter, davon nichts erfahren durften, versteckte ich die Mäuse in der kleinen Kiste unter meinem Bett. Das Bett war sehr hoch und so entdeckte meine Mutter natürlich die Mäuse, wahrscheinlich trug der Geruch auch dazu bei. Unter größtem Protest meinerseits wurden diese Mäuse dann von meinem Vater entfernt. Meine Mutter mochte keine Mäuse, sie hatte sogar unerklärliche Angst vor diesen süßen kleinen Tieren - das waren sie jedenfalls für mich. Aber wahrscheinlich hätten die Tiere mit meiner Fütterung ohnedies nicht überlebt.

Einmal lief in unserer Wohnküche ganz verstört eine Maus herum. Wahrscheinlich war sie durch das Loch in der Speis hereingekommen und auf der Suche nach Fressbarem. Als meine Mutter die Maus sah, sprang sie voller Entsetzen mit einem spitzen Schrei auf die Bank, was bei uns Kindern natürlich ein Gelächter auslöste. Wie kann man nur Angst vor einer Maus haben! Das Hereinholen einer Katze löste jedenfalls dieses Problem rasch.

Auf der Wiese in der Nähe des kleinen Tümpels, dort wo es sumpfig war, hatte mein Vater ein kleines Lehmloch ausgehoben. Wofür dieser Lehm sonst noch verwendet wurde, weiß ich nicht. Ich weiß nur, dass auf Bienen- oder Wespenstiche kühler nasser Lehm aufgelegt wurde. Das linderte ungemein und ließ die Schwellung rasch verschwinden.
In diesem Lehmloch, es hatte etwa einen halben Meter Durchmesser, war immer Wasser. Eines Tages lugte aus diesem Wasser ein Kopf eines uns unbekannten Tieres heraus. Wir rätselten, was das sein konnte - eine Schlange vielleicht? Der Kopf sah jedenfalls unserer Meinung nach so aus. Den Mut, hineinzugreifen, hatte keiner von uns. Wir wussten ja nicht, ob dieses Tier beißen würde. Aber es ließ uns keine Ruhe, wir waren einfach zu neugierig. So holten wir von der Hütte eine große Schaufel. Mit dieser bewaffnet versuchten wir, das Tier herauszuheben. Wir kamen aus dem Staunen nicht heraus - was wir zutage förderten, war eine Schildkröte! Wie sich später

herausstellte, war es eine Sumpfschildkröte, die sich offensichtlich hierher verirrt hatte. Vermutlich war sie irgend Jemandem entkommen. Nach Rücksprache mit den Eltern mussten wir die Schildkröte in unseren Tümpel geben, wo sie auch bis zum beginnenden Winter blieb. Die neue Heimat gefiel ihr. Wir brachten in Erfahrung, dass Schildkröten in unseren Breiten in einem kühlen Raum überwintern mussten. Dazu füllten wir eine Holzkiste mit Laub und Heu, verfrachteten die Schildkröte hinein und stellten sie in den kühlen Keller. Dort war unserer Meinung nach gerade die richtige Temperatur, im Winter knapp über Null Grad. Die Schildkröte überlebte tatsächlich den Winter und im Frühjahr brachten wir sie wieder zum Tümpel. Irgendwann verschwand sie einfach, wir fanden sie jedenfalls nicht mehr.

Das Lustige war, dass wir im Gemüsegarten und auf der Wiese in Summe noch drei Schildkröten fanden. Diese waren jedoch allesamt griechische Landschildkröten gewesen in verschiedenen Größen. Da sich trotz an der Straße entlang an Strommasten angebrachter Plakate niemand fand, dem sie gehörten, durften wir Kinder die Schildkröten behalten. Mein Vater baute einen kleinen Holzverschlag auf der Wiese, worin die Schildkröten ihr Dasein fristeten. Wir fütterten sie mit Salatabfällen, auch eine Wasserschale fehlte nicht und im Winter kamen sie wieder in einer Kiste in den Keller. So hatten wir mehrere Jahre lang Schildkröten. Das größte Exemplar starb leider eines Winters und die anderen wanderten irgendwann wieder weiter, nachdem sie aus dem Verschlag entkommen waren.

Von den Nachbarkindern erfuhren wir eines Tages, dass es in der Nähe bei einer Familie junge Meerschweinchen zum Verschenken gab. Wir waren nicht mehr zu halten vor lauter Begeisterung und bettelten so lange, bis wir jeder ein Meerschweinchen abholen durften. Es waren beide Rosettenmeerschweinchen, eines weiß, es war ein Albino mit roten Augen, und das andere braun-schwarz-weiß gefleckt. Mein Vater zimmerte einen Meerschweinchenstall im Bereich der großen Hütte mit einem Gittertürl davor. Da der Stall oben offen war, konnten wir Kinder bei offenem Türl in den Stall hineingehen und so mit den Meerschweinchen spielen. Das Füttern der Meerschweinchen oblag natürlich uns Kindern und auch das Ausmisten des Stalles - schließlich waren es unsere Schweinchen und das war die Bedingung unserer Eltern, dass wir sie überhaupt behalten durften.

Das Futter war das gleiche wie bei den Hasen - Gras beziehungsweise im Winter Heu, Salatabfälle, Möhren und Kukuruzkörner, Obst sowie eine Schale mit Wasser. Trinkflaschen für Meerschweinchen waren uns unbekannt, ich weiß nicht, ob es solche schon gab.

Was wir Kinder und auch meine Eltern nicht wussten, war die Tatsache, dass es sich bei den beiden Meerschweinchen um ein Pärchen handelte. Zum Entsetzen meiner Eltern und zur übergroßen Freude von uns Kindern liefen eines Tages junge Meerschweinchen im Stall herum. Waren die süß! Wer Meerschweinchen kennt, weiß, dass diese sofort nach der Geburt voll ausgebildet sind, offene Augen haben und sofort das übliche Futter mit fressen, natürlich wurden sie auch von der Mutter zusätzlich gesäugt. Aber das war noch nicht das Ende. Was wir ebenfalls nicht wussten war, dass jungen Meerschweinchen nach ein paar Wochen schon geschlechtsreif sind und die Weibchen dadurch sofort trächtig wurden, natürlich auch wieder die Mutter der Jungen. Der weitere Segen von Meerschweinchen war meinen Eltern dann doch zu viel und so versuchten wir festzustellen, welche von den Tieren Weibchen und welche Männchen waren. Das war nicht einfach, da das bei den jungen Meerschweinchen schlecht zu erkennen ist. Die beiden Geschlechter wurden vorerst mit Hilfe der Eltern akribisch getrennt. Bis auf zwei Meerschweinchen gleichen Geschlechts, welche wir behalten durften, mussten alle anderen verschenkt werden, was auch gelang.

Leider kam später in irgendeinem unbeobachteten Moment ein fremder Hund in den Stall und tötete die beiden niedlichen Tierchen.

Das war dann das Ende der Meerschweinchen-Ära.

SPAZIERGÄNGE UND AUSFLÜGE

Am Wochenende bei schönem Wetter und wenn keine Arbeiten am Grund anfielen, gingen wir nach dem Mittagessen oft in der näheren Umgebung spazieren. An ganz frühe Zeiten kann ich mich nicht mehr erinnern, aber an Spaziergänge, wo mein Bruder noch im Kinderwagen mitgeführt wurde, sehr wohl.
Dazu wurden vor allem wir Kinder „herausgeputzt". Wir bekamen unsere „schönen" Kleider angezogen. Bei mir bedeutete das, dass ich weiße Strümpfe oder weiße Stutzen beziehungsweise Socken anziehen und entsprechend „aufpassen" musste, dass diese nicht schmutzig wurden. Für solche Zwecke hatte ich damals schöne weiße oder manchmal auch schwarze Lackschuhe. Mit diesen durfte ich weder in den Wald laufen, noch in eine Lacke hüpfen oder was sonst noch lustig gewesen wäre. Einzig brav auf der Straße gehen war angesagt.
Die Frisur erlaubte ebenfalls kein Herumtollen, die obligate „Schaumrolle mit Masche" zierte meinen Kopf, natürlich passend zum Kleid, und vertrug keine raschen Bewegungen.
Unschwer zu erkennen, dass diese Spaziergänge für uns Kinder einfach nur „fad" waren und wir keine Lust hatten mit zu gehen - aber darüber gab es keine Diskussionen - wir mussten mit.

Als wir, vor allem mein Bruder, schon etwas größer waren, gab es auch Ausflüge auf die hohe Rannach. Mit dem Postbus konnten wir bis zum damaligen Gasthaus zu den

„Drei Linden" fahren. Von dort aus ging es dann zu Fuß auf einem Schotterweg weiter. Jause und Getränke wurden im Rucksack von meinem Vater mitgetragen und am Schutzhaus auf der Rannach angekommen ausgepackt. Auf den Regenmänteln auf der Wiese sitzend wurde dann gejausnet. So gestärkt ging es wieder bergab, um den letzten Postbus in die Stadt nicht zu versäumen.

Auch der Schöckel war manchmal unser Ausflugsziel. Das Schönste daran war die Fahrt mit der Schöckelseilbahn. Bis zur Talstation fuhren wir ebenfalls von der Stadt aus mit dem Postbus. Mit der Gondel an der Bergstation angekommen kauften wir manchmal Andenken, da gab es Anstecknadeln mit einer Seilbahngondel daran, Ansichtskarten und so weiter. Mit Rucksack und Jause bewaffnet ging es dann weiter auf das Schöckelplateau bis zum Gipfelkreuz. Die dortigen kleinen Felsformationen hatten wir sofort zum Klettern auserkoren. Während des Rumtollens und Spielens musste man jedoch aufpassen, nicht in zahlreich vorhandene Kuhfladen zu treten. Vor den Kühen selbst hatten wir keine Angst, außer, es war ein Stier dabei. Dann hielten wir alle, auch unsere Eltern, einen Respektsabstand von der Herde ein - sicher ist sicher.

Eines der weiteren Ausflugsziele war der Kesselfall. Auch dort hin war der Postbus das übliche Verkehrsmittel. Natürlich waren Rucksack mit Regenzeug und Jause wieder dabei. Als Jause wurde von meiner Mutter oft ein ganzes Backhendl mit Gurkensalat in einem Rexglas und Brot mitgenommen. Das war schon deftig und ersetzte natürlich

locker ein Mittagessen. In ein Gasthaus einzukehren war aus finanziellen Gründen so gut wie ausgeschlossen.
Meistens waren wir mehrere Stunden oder den ganzen Tag unterwegs und das Regenzeug war aus diesem Grund besonders wichtig. Eine Wettervorhersage, wie man sie heute kennt, gab es noch nicht. Zumindest ein Gewitter konnte einen während eines solchen Sommerausfluges schon überraschen.
In meiner Erinnerung war die Kesselfallklamm unendlich lange. Als ich später wieder einmal durch den Kesselfall wanderte, war ich direkt enttäuscht darüber, dass die Klamm nur so kurz war. Die kindliche Wahrnehmung war eben doch eine andere.

Ja - und der gute alte Schlossberg war natürlich ebenfalls hin und wieder Ziel unserer sonntäglichen Ausflüge. Meistens fuhren wir mit der Schlossbergbahn – einer Standseilbahn - hinauf. Am spannendsten für uns Kinder war die Ausweiche, wo sich die beiden Gondeln trafen. Nach dem Umrunden des Uhrturms – dem Wahrzeichen der Stadt Graz - und des Glockenturms mit der „Liesl" ging es herunter meistens zu Fuß, wobei wir uns oft lange an der Brücke aufhielten, wo man auf die Schlossbergbahn hinunter schauen konnte.
Vom Schlossberg herunter gekommen gingen wir dann oft noch durch den Stadtpark, wir besuchten und fütterten die Schwäne im Wassergraben und spazierten um den Springbrunnen herum – wir Kinder liefen und hüpften natürlich. Das Kunstwerk „der rostige Nagel" schmückte noch nicht das Umfeld des Springbrunnens.

Manchmal gab es für uns Kinder während eines solchen Ausfluges ein Eis oder ein rotes Himbeer-Kracherl (Himbeerlimonade). Das Trinken dieses roten Kracherls ergab immer einen rot gefärbten Mund von uns Kindern. Die Kracherlflaschen hatten als Verschluss einen Keramik- oder Glasstöpsel, welcher zum Abdichten mit einem Hebel auf die Öffnung drauf gedrückt wurde.
Wenn wir letztlich zu Fuß den Heimweg antraten, ging das natürlich nicht ohne Gejammere von uns Kindern ab - wir waren ja schon sooo müde und die Füße taten sooo weh - das Übliche halt.

Trotzdem - diese selteneren größeren Ausflüge waren schon etwas Besonderes. Noch weiter entfernte Ziele gab es jedoch nicht und das Wort „Urlaub" kannten wir nicht einmal.

Der erste Urlaub führte uns nach Tirol in die Wildschönau bei Wörgl, aber da war ich schon etwa vierzehn Jahre alt. Im Ausland waren wir als Familie überhaupt nie.

SCHULE

Ich besuchte eine Übungsvolksschule.
Der erste Schultag ging ohne Schultüte ab, diese war noch nicht bekannt. Wir trugen stattdessen an diesem Tag stolz unsere noch leere Schultasche mit Federpennal und Heftmappe zur Schau.

Unsere Schulklassen waren fein säuberlich zwischen Mädchen und Buben getrennt. Gemischte Klassen gab es erst ab den Siebzigerjahren. Für uns war das natürlich nichts Ungewöhnliches, auch vermissten wir das andere Geschlecht in den Klassen nicht. Buben waren laut und grob - wir kannten das zur Genüge von unseren Geschwistern und Nachbarkindern. Auch für die Lehrerinnen - wir Mädchen hatten ausschließlich Lehrerinnen - war der Unterricht sicher ruhiger und effizienter als heute. Das lag naturgemäß schon auch an der damaligen Zeit - für uns waren Lehrkräfte noch Respektspersonen, natürlich ohne Rohrstock oder sonstigen körperlichen Züchtigungen, das gab es bei uns nicht. Allerdings kam es schon mal vor, dass man „Winkerl stehen" musste oder „Strafaufgaben" bekam - aus welchen Gründen auch immer. Unfug wurde aber trotzdem nur wenig getrieben, wenn überhaupt, dann maximal in den Pausen, da konnten wir uns kleine Freiheiten erlauben, die auch von der Pausenaufsicht im Allgemeinen geduldet wurden.
Sogar das Schulgebäude hatte zwei getrennte Eingänge für Buben und Mädchen und der Pausenhof war ebenfalls getrennt. Lediglich der Turnsaal und der Festsaal, welche

sich in der Mitte des Schulgebäudes befanden, wurden von allen genützt - natürlich immer zeitlich getrennt zwischen den Geschlechtern.

Im Schulgebäude war neben der Volksschule in den anderen Stockwerken noch die damals fünfjährige Lehrerbildungsanstalt untergebracht. Die angehenden Junglehrerinnen hatten immer wieder in unserer Klasse Übungsstunden abzuhalten, daher der Name Übungsschule. Diese Stunden waren für uns immer eine positive Abwechslung, denn da wurde weder geprüft noch gab es Schularbeiten.
Wir hatten eine Klassenlehrerin, die sämtliche Gegenstände unterrichtete, mit Ausnahme von Handarbeiten und Religion, hierfür hatten wir jeweils eine eigene Lehrerin.
In der ersten Klasse im ersten Halbjahr gab es nur eine Benotung in Betragen, Fleiß und Religion. Die übrigen Gegenstände wurden mit einer allgemeinen Note beurteilt. Am Ende der ersten Klasse gab es bereits Noten für Betragen, Fleiß, Religion, Heimatkunde, Deutsche Unterrichtssprache, Lesen, Schreiben, Rechnen und Raumlehre, Zeichnen und (Handarbeit), Singen und Leibesübungen. Bis zur vierten Klasse wurde die Bewertung noch ergänzt um die Gegenstände Naturkunde und Äußere Form der Arbeiten.
Die Benotung für „Betragen" war bei uns Mädchen nicht wirklich ein Thema - so brav wie wir waren! „Fleiß" war da schon etwas anderes. Das war die Benotung für die Mitarbeit, für ordentlich gemachte Hausaufgaben oder ob man für eine Prüfung gelernt hatte - da konnte auch

schon mal auch eine schlechtere Note im Zeugnis stehen. Unter „Schreiben" verstand man eigentlich „Schönschreiben". In diesem Gegenstand übten wir eine schöne Schreibschrift, oder nur Blockbuchstaben und Druckbuchstaben. Auch lernten wir noch die alte Kurrentschrift - ich kann sie deshalb heute noch lesen. Alle diese Schriften malten wir meistens mit einer Redisfeder in verschiedenen Stärken. Dazu gab es ein Tintenfass, in welches die Redisfeder eingetaucht wurde. Das Tintenfass stand in einer Vertiefung des Schulpultes, so konnte es nicht durch Unachtsamkeit umfallen. Die Redisfeder selbst steckte in einem Federkiel und konnte so getauscht werden.
Die „Äußere Form der Arbeiten" war die allgemeine Form, wie man in Heften schrieb, ob man oft radierte oder durchstrich, ob die Schrift leserlich war und in welchem Zustand sich die Hefte befanden. Manchmal musste ich mich ganz schön anstrengen, um in diesem Gegenstand - eigentlich war es ja nur eine Bewertung - nicht schlechte Noten einzuheimsen. Es gab ja auch keinen Tintenkiller – das, was man geschrieben hatte, stand einfach da und war nicht mehr weg zu löschen.

Unterrichtet wurde, wie früher üblich, im sogenannten Frontalunterricht. Das heißt, die Lehrerin stand vorne an der Tafel oder hinter ihrem Pult und die Schüler saßen in Zweierpulten aufgereiht, meistens in fünf bis sechs Reihen hintereinander mit insgesamt drei Pulten, zwischen welchen jeweils ein Gang war.

Lesen und Schreiben wurde uns gelehrt, indem wir einen

Buchstaben nach dem anderen kennen und schreiben lernten. Worte wurden aus diesen erlernten Buchstaben zusammengesetzt und mussten beim Lesen buchstabiert werden. Legastheniker, dieser Begriff war damals allerdings noch nicht bekannt, taten sich mit dieser Methode sehr schwer und echte Unterstützung gab es für diese Kinder nicht. Oft landeten solche Kinder im weiteren Schulverlauf im zweiten Klassenzug oder gar in der Hilfsschule, obwohl sie in anderen Gegenständen, meistens in Mathematik, gute Erfolge brachten. Heute wissen wir, dass Legasthenie nichts mit mangelnder Intelligenz zu tun hat, aber damals wurde diese Schwäche falsch beurteilt. Später, während der Volksschulzeit meines Bruders, wurde die so genannte „Ganzheitsmethode" eingeführt. Mit dieser Methode sollten Kinder mit „Lese- und Rechtschreibschwäche" leichter lesen lernen. Das Prinzip bestand darin, zuerst ganze Worte - also Wortbilder - lesen und schreiben zu lernen und dann erst die einzelnen Buchstaben. So konnten die Kinder zwar tatsächlich augenscheinlich früher lesen, jedoch scheiterten sie sofort, wenn ein neues längeres Wort zum Buchstabieren anstand. Noch später wurden beide Systeme wieder zusammengeführt, da weder die eine noch die andere Methode für alle Kinder richtig war. Ich hatte Gott sei dank kein Problem damit und konnte schon nach wenigen Monaten so ausreichend gut lesen, dass ich alles lesen wollte, was mir zwischen die Finger kam. Ich hatte einfach Freude daran, das Geschriebene zu enträtseln - Bücher waren ab sofort meine große Leidenschaft.
Geschrieben wurde in Schulschreibschrift, anfangs mit

Bleistift und später mit Füllfeder und Tinte. Da es noch keine Tintenpatronen gab, welche man einfach austauschen konnte, musste man die Füllfedern, wenn sie ausgeschrieben waren, mit Tinte aus einem Tintenfass füllen. Hierzu wurde ähnlich wie mit einer Spritze ein Kolben durch Drehen am hinteren Ende der Füllfeder Richtung Feder gedrückt. Wenn man dann die Feder in das Tintenfass tauchte und den Kolben hochdrehte, wurde die Tinte in die Füllfeder hineingesaugt.

Gelesen wurde in Druckschrift, da die Lesebücher sowie alle anderen Schulbücher allesamt nur in Druckschrift gedruckt waren - wir mussten also beide Schriften zugleich erlernen.

Unsere damalige Schreibschrift unterschied sich sehr von der heutigen, welche ich später durch meine Kinder und Enkelkinder mitbekommen habe.

Sie ergab ein homogenes Schriftbild, welches durch das absatzlose Verbinden aller Buchstaben in einem Wort entstand und flüssig geschrieben werden konnte.

Mir gefällt meine erlernte Schreibschrift nach wie vor besser und meine persönliche Schrift läuft nach dem gleichen damals erlernten Prinzip.

Die Schreibschrift meiner Enkelkinder setzt bei vielen Buchstaben immer wieder neu an und verhindert so meiner Meinung nach ein flüssiges Schreiben.

> Unsere Schrift lief so, daß alle Buchstaben ohne abzusetzen in einem Strich rund miteinander verbunden waren. Ausgenommen waren teilweise die großen Anfangsbuchstaben, das kleine „s" und das „x", hier musste man beim Schreiben extra ansetzen.

Schulschrift aus den 50-er/60-er-Jahren.

Schulhefte und Schulbücher wurden zu Schulanfang von meiner Mutter in Packpapier eingebunden, meistens in dunkelblauer Farbe. Darauf wurde ein Schild geklebt, wo Name und Klasse darauf standen und der jeweilige Gegenstand. Plastikhüllen, wie man sie heute kennt, gab es noch nicht.

Arbeitsbücher gab es zu dieser Zeit ebenfalls noch nicht. Es waren allesamt Bücher, die den Lehrinhalt beschrieben und erklärten, unterstützt durch Zeichnungen oder Bilder. Im Wesentlichen gab es ein Lesebuch, ein Rechenbuch, einen Atlas, ein Religionsbuch, ein Buch für Heimatkunde und eines für Naturkunde. Ein Liederbuch gab's auch noch.

Arbeitsblätter, wie sie heute in der Schule ausgeteilt werden, wurden nicht verwendet, da Kopiergeräte noch nicht erfunden waren, jedenfalls nicht für die Allgemeinheit. Das Vervielfältigen von Arbeitsunterlagen war so schlichtweg nicht möglich. Bei Schularbeiten wurden die

Themen einfach von der Lehrerin auf die Tafel geschrieben, das erfüllte den gleichen Zweck. Wir mussten halt alles abschreiben.

Die Schüleranzahl in den einzelnen Klassen war sehr hoch - meistens waren wir weit über dreißig Schüler pro Klasse. Da wäre das einzelne Schreiben von Unterlagen schier unmöglich gewesen.

Schulbücher mussten neu gekauft werden, Schulbuchgutscheine waren noch nicht eingeführt. Viele Familien konnten sich das nur schwer leisten und da die Bücher über mehrere Jahre immer die gleichen waren, wurden über die Schuldirektion antiquarische Bücher an minder bemittelte Familien kostenlos verliehen. Dazu wurden von den Eltern der Schüler der Vorklassen Bücher abgegeben, wenn sie innerhalb der Familie nicht mehr benötigt wurden. Waren mehrere Kinder kurz hintereinander an der gleichen Schule, behielten die Familien die Bücher, da sie wieder verwendet werden konnten.

Die Bücher und Hefte die wir benötigten waren nicht allzu schwer, zumal ja nicht einmal jeden Tag alles gebraucht wurde. Das Gewicht konnte von uns Kindern in einer ledernen Schultasche, welche wir ausnahmslos am Rücken trugen, leicht befördert werden - auch auf dem doch sehr langen Schulweg.

In der ersten Klasse bekamen wir gratis Schulmilch. Allerdings nicht in Viertelliter-Flaschen wie später, sondern diese wurde aus einer Kanne mit dem Schöpfer in eine

mitgebrachte Tasse geschüttet. Die Kannen wurden von der Molkerei angeliefert. Ich hatte dazu ein Blechhäferl, das ausschließlich mir gehörte, an meiner Schultasche hängen.
Später gab es dann zur Auswahl Milch oder Kakao in Viertelliter-Flaschen und man musste dafür monatlich Milchgeld bezahlen. Diese Flaschen wurden ebenfalls von der Molkerei in der Früh in der Schule angeliefert und zur großen Pause von der Lehrerin an die Schüler verteilt. Im Winter war es wichtig, dass die Milch schon einige Zeit bis zur Pause in der Klasse stand, da sie sonst zu kalt zum trinken gewesen wäre.
In der dritten und vierten Klasse Volksschule hatten wir Englisch-Unterricht, allerdings als Freigegenstand, den ich besuchen durfte. Das war immer an ein oder zwei Tagen in der Woche im Anschluss an den normalen Unterricht. Auch Blockflötenunterricht gab es. Ich bekam eine Blockflöte und durfte dieses Instrument ebenfalls erlernen. Beides bereitete mir Freude, da es ohne Zwang geschah und nicht benotet wurde.

Als besondere Veranstaltungen gab es am Anfang und am Ende des Schuljahres Halbtags- und Ganztagsausflüge, manchmal war ein solcher Ausflug auch ein Besuch eines Museums, wenn es eine sehenswerte Ausstellung gab. In der Volksschule drehten sich solche Ausflüge vor allem um den Bereich Heimatkunde. Wir lernten dieser Art Graz, unsere Heimatstadt, mit allen alten Befestigungsanlagen samt Stadttoren im Bereich der inneren Stadt und den Schlossberg mit seinen Sehenswürdigkeiten kennen, um

nur Einiges zu nennen.
In der dritten Klasse benutzten wir ein maßstabgetreues Schlossbergmodell, anhand welchem uns die alten Bauten erklärt wurden.

Vor den Weihnachtsferien gab es eine Weihnachtsfeier im Festsaal. Dort führten wir Kinder immer irgendein Theaterspiel auf, wozu unsere Eltern ebenfalls eingeladen waren. Auch Faschingsfeiern mit Verkleidung gab es jedes Jahr im Festsaal. An ein Prinzendasein mit meiner Freundin als Prinzessin kann ich mich noch genau erinnern. Eine Schulschlussfeier war dann der krönende Abschluss eines Schuljahres. Der Festsaal wurde noch genutzt für Elternversammlungen, das war meistens innerhalb der ersten Tage eines Schuljahres. Allerdings hatten damals die Eltern keinerlei Mitspracherecht, es handelte sich lediglich um eine Informationsveranstaltung der Schule.

Zu Beginn der zweiten Klasse Volksschule wurde am 26. Oktober 1955 die Unterzeichnung des Staatsvertrages im Festsaal von allen Klassen gemeinsam gefeiert. Das war vor allem für die Erwachsenen ein besonderer Tag, zumal mit diesem Tag auch die Besatzungsmächte endgültig abgezogen waren.

Fasching in der 3. Klasse Volksschule – ich als Prinz

Ich ganz links im Bild in der 3. Volksschulklasse neben dem Schlossbergburgmodell - mit Masche auf dem Rossschwanz

Damals verstand ich das noch nicht wirklich, für mich hatte sich ja nichts verändert. Ich weiß nur, dass es ein großes „Trara" war und wir die Namen des Bundespräsidenten und der Bundesregierungsmitglieder auswendig lernen mussten.

Schullandwochen oder Ähnliches gab es in diesen Zeiten noch nicht, das wäre wahrscheinlich auch nur von wenigen Eltern leistbar gewesen.

MURFÄHRE

Ein Schulausflug führte uns zur Murfähre nördlich der Kalvarienbrücke. Unsere Lehrerin wollte uns dieses Erlebnis noch nahe bringen, bevor in relativer Kürze die Fähre abgebaut werden sollte.

Wir wanderten also als geschlossene Klasse zur Fähre und überquerten mit ihr die Mur, allerdings fuhren wir auch gleich wieder zurück.

Die Fähre war ein Holzfloß, das an einem Drahtseil mittels einer Holzrolle geführt wurde, welches über die Mur gespannt war. Der Fährmann konnte mit einer Klingel am Ufersteg gerufen werden und hatte die Aufgabe, einerseits dafür zu sorgen, dass das Absperrgeländer zu war, sodass niemand hinaus fiel und andererseits mit dem Ruder gegen die Strömung anzusteuern. Angst hatten wir Kinder keine und spaßig war's auch.

Die Fähre wurde dann tatsächlich im September 1958 außer Betrieb genommen und abgebaut.

KUGELBLITZ

Dieses Naturschauspiel gehört zwar nicht zu den Besonderheiten meiner Kindheit, da es natürlich nach wie vor zu sehen ist, aber für mich war es eines der unheimlichsten Erlebnisse meiner Kindheit.

Meine Mutter, mein Bruder und ich waren irgendwo auf der Wiese und meine Mutter mähte Gras für die Hasen. Dazu hatte sie einen Korb mitgenommen. Rundherum blitzte und donnerte es und meine Mutter beeilte sich, mit ihrer Arbeit fertig zu werden. Im Hof angekommen stand der Rest der Familie unter dem Vordach und beobachtete das herankommende Gewitter. Nachdem meine Mutter den Hasen das Gras zum Fressen gegeben hatte, stellten auch wir uns unter das Vordach. Das Gewitter kam immer näher und es blitzte und krachte gewaltig, aber kein Regentropfen war noch gefallen - es war ein „trockenes" Gewitter. Auf einmal blitzte und donnerte es gleichzeitig - und vor uns schwebte in etwa einem Meter Höhe eine handballgroße glühende Kugel vorbei - ganz langsam - bis sie verschwand. Uns allen stockte der Atem, ich glaube nicht nur ich habe so ein Phänomen das erste Mal gesehen, sondern auch die Erwachsenen.

ZEPPELIN

Noch eine Erinnerung verfolgt mich und ich weiß nicht einmal, ob sie Realität ist oder nur Phantasie. Allerdings bin ich mir ziemlich sicher, dass es doch real war, denn wie sollte ich sonst als kleines drei- oder vierjähriges Mädchen zu dieser Erinnerung kommen.
Wir, meine Eltern und ich, waren einkaufen oder spazieren in Richtung Stadtpark. Auf einmal schauten alle Leute ganz aufgeregt zum Himmel. Die Sicht auf der Straße zwischen den Häusern gab nur einen schmalen Streifen des Himmels frei und da schwebte ein riesiger Zeppelin ganz langsam und nicht besonders hoch vorbei. Die Situation wirkte auf mich eher bedrohlich, da ich dieses Ding nicht einordnen konnte und noch nie gesehen hatte. Dass das ein Zeppelin war, wurde mir erst später erklärt beziehungsweise habe ich erst später verstanden.

Ich konnte bei meinen Internet-Recherchen ein derartiges Schauspiel über dem nördlichen Graz aus dem Jahre 1929 ausfindig machen. Die fotografierte Sensation und über welchem Stadtteil sie stattfand und zu sehen war, stimmt genau mit meiner Erinnerung überein. Das einzig Falsche daran ist die Zeit - ich war da noch nicht geboren - eine Erinnerung an ein früheres Leben? Wie auch immer, vielleicht gab es ja einen ähnlichen Vorfall auch etwa um 1950 ...

SCHLUSSWORT

Meine Kindheit war sehr einfach - aber ungemein reichhaltig.

Ich spürte nie Leere, mir war nie langweilig und ich wusste immer etwas zu tun. Vor allem die Naturliebe, die von meinen Eltern und meiner Oma vorgelebt wurde, übertrug sich auf mich. Bis heute bin ich naturverbunden, genieße es, wenn ich zur warmen Jahreszeit meine Füße auf die Erde bringe und beschäftige mich mit Pflanzen und Tieren.

Auch meinen drei Kindern konnte ich diese Haltung und Einstellung weiter geben. Vor allem meine Tochter, die älteste meiner Kinder, ist diesbezüglich ein „Abklatsch" von mir. Auch sie braucht die Natur um sich so wie ich. In einer Wohnung im fünften Stock in der Stadt würden wir verkümmern.

Ich bebaue im Frühjahr mit Begeisterung einen Gemüsegarten und unsere Lebensmittel, so sie nicht im Gemüsegarten wachsen, kaufe ich beim nächsten Bauernmarkt oder -laden. Was ich am Bauernmarkt nicht bekomme, erstehe ich an Bio-Produkten in diversen Einkaufsmärkten, wenn es entsprechende Angebote gibt. Vor allem bei tierischen Lebensmitteln achte ich darauf, dass sie von „glücklichen" Tieren kommen. An Gemüse und Obst erstehe ich ausschließlich saisonale Produkte aus der Region. Das ist mein kleiner Beitrag für die Umwelt und nicht zuletzt auch

für meine Gesundheit.
Mein Wohnzimmer quillt über vor lauter Topfpflanzen und als viertes „Kind" gibt's seit einigen Jahren einen Mischlingshund bei uns, der sich sehr wohl fühlt. Falls ein Tier sich irrtümlich in unsere Wohnung verirrt, das sind natürlich vor allem Insekten und Spinnen, werden sie mit einem Glas sanft hinaus transportiert - bei mir dürfen sie alle leben - gerade eben habe ich eine Hornisse hinaus befördert.
Das überquellende Angebot in den Supermärkten brauche ich nicht. Die Werbung, falls ich sie überhaupt wahrnehme, rauscht an mir vorüber. Im Fernsehen finde ich immer seltener Programme, die ich mir anschauen möchte, übrig bleiben meistens naturwissenschaftliche Dokumentationen, das einzige was mich interessiert. Viele Bücher und Fachzeitschriften in diesem Bereich ergänzen meinen Wissensdurst.

In der medizinischen Betreuung vertraue ich ausschließlich einem Alternativmediziner, welcher meine Gesundheit mit Homöopathie, Bioresonanz, Akupunktur und verschiedenen Essenzen erhält. Nicht selten gelingt es mir Störungen in meiner Gesundheit in Eigenverantwortung zu bewältigen. Meine Gesundheit verdanke ich sicher zu einem Gutteil meiner unbelasteten Kindheit und in weiterer Folge meinem gewählten Lebensstil.
Natürlich war das in meinem Erwachsenenleben nicht immer so. Auch ich hatte in der Hektik des Wirtschaftslebens nicht immer die Zeit und Muse, nach dieser Doktrin zu leben. Die Computertechnologie hielt zwangsläufig

in meinem Leben Einzug, vor allem, da ich sie lange Zeit beruflich brauchte. Auch diese Erzählung entstand logischer Weise auf meinem Laptop.

Aber heute ist mit meinem Alter wieder etwas Ruhe in mein Leben eingekehrt und ich besinne mich vermehrt meiner Bedürfnisse, die sehr bodenständig sind.
Ich genieße die Natur und das Leben auf einem schönen Fleckchen Erde – fast so wie in meiner Kindheit.

Alte Ansicht des Grazer Hauptplatz-Brunnens noch am alten Standplatz - er wurde später um einige Meter versetzt. Im Hintergrund über den Dächern der Grazer Uhrturm.